LE
GARDIEN
DE
SOY-MÊME.
COMEDIE.
DE Mʳ SCARRON.

A PARIS,

Chez GUILLAUME DE LUYNE, Libraire
Juré, dans la Salle des Merciers, sous la montée
de la Cour des Aydes, à la Justice.

M. DC. LXXXVIII.

AVEC PRIVILEGE DV ROY.

ACTEVRS.

ALCANDRE, fils du Roy de Sicile.

ISABELLE, fille du Roy de Naples.

CONSTANCE, niece du Roy de Naples.

HELENE.

SABINE.

FILIPIN, un Payfan pris pour Alcandre.

SULPICE, Ecuyer d'Alcandre.

LICASTE, Capitaine des Gardes.

MAURICETTE, Payfane.

SOLDATS.

PAYSANS.

La Scene eft dans un Château prés de Naples.

LE
GARDIEN
DE
SOY-MÊME.
COMEDIE.

ACTE I.
SCENE I.

SULPICE, ALCANDRÉ.

SULPICE.

'ACCIDENT fut terrible, &
nos pauvres chevaux
Firent dans ces rochers le dernier
de leurs fauts,
La terre fous leurs pieds fubitement
fonduë,
Leur rendit ce beau faut d'une grande étenduë,

A ij

Et je ne comprens pas comment ces malheureux
ſont morts plûtôt que nous, qui ſommes chûs
  comme eux.
Le ſort, qui tout regit, ſur les chûtes preſide.
Telle chûte fait rire, & telle eſt homicide,
Pour nous, lors qu'avec eux les airs nous tra-
  verſions,
Nous ne nous diſions pas ce que nous en
  penſions :
Mais puis que cette chûte. ...

ALCANDRE.

                          Ha ! tay-toy je te prie,
Trouve-tu dans mes maux matiere à raillerie?
Peux-tu rire ſongeant au peril que je cours?
Sois capable une fois d'un ſerieux diſcours.

SULPICE.

Vous m'ordonnez, Seigneur, des choſes im-
  poſſibles.
Le ſerieux, & moy, ſommes incompatibles
Mais pour vous obeïr, je veux bien eſſayer
De vous faire un recit ſans beaucoup m'éga-yer.
Comme je vous ay dit, la nuit étoit fermée,
Lors que j'entray dans Naples encor toute
  allarmée,
D'où ſans ceſſe le Roy dans ſon juſte courrous,
Commandoit des Soldats pour aller aprés vous.
Mon hôte me trahit : je fus pris : on me mene
Au Roy : l'on m'interroge, & l'on y perd ſa peine.
On preſſe, on intimide, on demande où j'ay pris
L'argent qu'on m'a trouvé, ſans les bagues de
  pris.   [ſorte,
Lors je me dis Marchand : on me refouille en
Qu'on trouve vôtre lettre, & lors le Roy s'em-
  porte.

Alcandre, difoit-il, l'ennemi de l'Etat,
Ofe troubler ma Cour par un noir attentat !
Un Prince que je haï, de mon neveu que j'aime.
Ofe finir les jours en ma prefence même.
Ce crime peut aller à de plus grands defleins :
Mais leur autheur hardi tombera dans mes
    mains,
Et ce Sicilien deviendra par fon crime
D'un ennemi mortel la fanglante victime.
Caron peut bien penfer qu'étant pris auffi-tôt
On verra de fon fang rougir un échaffaut.
Mon Maître, dis-je alors, le genereux Alcandre
N'a de Juge que Dieu, quand on le pourroit
    prendre.
Mais il eft en Sicile, & vôtre Majefté
Sçait qu'un Roy de Sicile eft à craindre irrité.
Et tu fçauras, me dit le Roy fort en colere,
Tout ce qu'un Roy de Naples eft capable de
    faire.
Alcandre, repartis-je, eft Prince égal à vous.
Le Roy fort, me difant, aveuglé de courous,
Garde ta hardiefle à fouffrir la torture.

ALCANDRE.

O l'malheureufe lettre, ô ! fâcheufe avanture,
Et l'Infante ?

SULPICE.

    L'Infante, elle fait de fon mieux ;
Devant fon pere, il n'eft lion plus furieux.
Elle vous accommode en Prince de Sicile :
Mais en particulier elle change de ftile.
Quand elle fe vid feule, hé bien, Sulpice, hé bien,
Le Prince Alcandre ? il vit, il aime, & ne craint
    rien,

Luy dis-je. Le Roy rentre, & nous pensa sur-
    prendre.
L'Infante recommence à pester contre Alcadre.
On me mene en prison. L'Infante, cependant,
Comme elle a sur son pere un puissant ascendât,
Le voulut employer à me tirer de peine :
Sire, ce prisonnier peut mourir à la geheane,
Dit-elle, & j'ay grand peur pour l'avoir arreté,
Qu'on n'en tirera pas la moindre utilité.
Outre qu'avoir servi son Maître est tout son
    crime,
Et que mon cher cousin veut une autre victime,
Si on le laisse aller, & qu'on l'observe aprés,
Il ne manquera pas d'aller ou loin ou prés,
Chercher son maître Alcandre : une personne
    adroite
Le suivra pas à pas, apprendra sa retraite;
Sçaura tout ce qu'il fait, vous en informera,
La chose est vray-semblable. Et nous reüssira,
Interrompit le Roy, par ce beau stratageme :
Quand je l'esperois moins, je sortis le jour
    même.
J'ay toûjours veu depuis l'Infante avec grand
    soin,
Sur ce que je luy dis, elle vous croit bien loin,
Et brûle de sçavoir bien tôt de vos nouvelles.
Pour moy j'étois pour vous en des peines mor-
    telles,
Vous sçachant au milieu de tous vos ennemis.

ALCANDRE.

Admire où mon destin extravagant m'a mis.
Où je me croy sauver, nos chevaux, cher Sulpice,
Tombent avecques nous au fond d'un precipice,

Et je me voy reduit, étant bien informé,
Que l'on a contre moy tout le Païs armé,
Et qu'on m'en a bouché toutes les avenuës,
De quitter mes habits, & mes armes connuës.

SULPICE.

Elles sont, où l'on peut les trouver aisément,
Qu'avois-je fait alors de mon beau jugement?

ALCANDRE.

Et que t'importe-t'il, qu'on trouve ou non
mes armes?
Tu te trouble toûjours par de vaines alarmes.
Je parois dans ces lieux, nud, pauvre & desolé;
Et je m'y fay passer pour un Marchand volé.
Sans connoître Constance, & sçavoir que son
frere
Eût été le rival, que je viens de deffaire,
J'implore son secours, & je luy fais pitié:
Mais sa compassion panche vers l'amitié,
Et pour te dire vray, c'est ce qui m'embarasse;
Aujourd'huy je me voy par elle dans la place
D'un vieillard decedé, qui commandoit au fort.

SULPICE.

Ainsi vous commandez où l'on vous hait si fort.
Vous a-t'on dit, Seigneur, que cette place forte,
Est comme de l'Etat & la force & la porte,
Où d'ord'naire on met les gens de qualité,
Que les raisons d'état privent de liberté?

ALCANDRE.

Je le sçay. Maintenant, il faut, ô! cher Sulpice,
Que je voye Isabelle, ou bien que je perisse,
Quand je ne la devrois adorer qu'un moment.
Fay luy bien le portrait de mon cruel tourment,
Gouverne mon amour, gouverne ma fortune;
Mais, sçache que des deux la perte m'est toute
une;   A iiij

Et si leurs interêts ont à se partager,
Fay tout pour mon amour, si tu veux m'obliger;
J'oublie à t'avertir, que sous le nom d'Ascagne
Je me cache en ces lieux, où l'on me croit
      d'Espagne;
Constance toutefois croit ce nom emprunté,
Et me soupçonne aussi d'être de qualité.

SULPICE.
Mais, Seigneur, il faudroit retourner en Sicile.

ALCANDRE.
Ce conseil est fort bon, mais il est inutile.

SULPICE.
Mais si l'on vous connoît...

ALCANDRE.
           Qu'importe de perir,
Puisque j'aurois absent, tout de même à mourir.

SULPICE.
Au moins écrivez donc....

ALCANDRE.
           Ecris, dispose, envoye,
Mais devant, vois l'Infante, & fay que je la voye.
Adieu, va-t'en, je vois des Païsans venir.
J'avois encore assez dequoy t'entretenir;
Mais c'est icy le rems qu'en ce lieu solitaire,
Constance chaque jour vient regreter son frere.
Figure-toy l'excez de ma confusion,
Quand moy qui suis l'auteur de son affliction;
Contre moy je l'entens, à moy même me dire
Tout ce que la vengeance de son courage
      inspire;
Mais, quand bien je serois d'elle connu, je croy
Que bien-tôt nôtre paix se feroit d'elle à moy,
Nous l'allons rencontrer.....

SCENE II.

PAYSAN I. MAURICETTE, FELIPIN,

PAYSAN I.

IL y va trop du nôtre,
Pourquoy plûtôt que moy ? Pourquoy plûtôt
qu'un autre ?

FILIPIN.

Peste du cheval.....

PAYSAN I.

Oüy, pourquoy parleras-tu
Plûtôt que moy ?

FILIPIN.

Je suis plus sage & mieux vêtu,

MAURICETTE.

Vois-tu Perrin Dandin donne luy ton suffrage,
Filipin est l'honneur de tout nôtre village ,
Il sçait lire par cœur, pourquoy donc contester ?
Son oncle qui du bourg étoit le Magister.....

PAYSAN I.

Son oncle, comme luy, n'avoit point de cervele,

FILIPIN.

Veux-tu qu'à coup de poing nous vuidions
la querelle ?

PAYSAN I.

Non , mais je sçay fort bien , que l'on t'a mal
choisi,
Et que je m'en retourne au village.

FILIPIN.

Vas-y,

PAYSAN I.

Je n'y veux pas aller moy.

FILIPIN.

N'y vu pas compere,
Harangue la Princesse.

PAYSAN I.

Et je n'en veux rien faire ;
Moy, suis-je ton valet ? es-tu mon maître, toy,
Pour commander ainsi ?

FILIPIN

Je le tiens par moy
Fou.

MAURICETTE.

Tantôt haranguant, ne manque pas de dire
Depuis le Prince mort, que nous n'avons vû rire
Personne dans le Bourg, & que tous ces Soldats
Qui cherchent l'assassin , sont larrons comme

FILIPIN.   [chats.

C'est assez , discourons sur nôtre mariage

MAURICETTE.

Discourons.

FILIPIN.

Dés l'abord sans tarder davantage,
Au lieu qu'un mari neuf s'amuse à caresser,
Je veux sur ton muzeau ma rigueur exercer,
Luy faisant de soufflets une salve tres-rude.

MAURICETTE.

Tu crois donc qu'en frappant on rend sa femme
prude ;
Outre que je pourrois te le rendre, & bien fort,
Sçache , toy qui pretend me mal-traiter
d'abord,

Que si tune vis pas en mary pacifique ;
Je t'arbore à coup seur un timbre magnifique,

FILIPIN.

Toy vilaine ?

MAURICETTE.

Oüy moy, vilain ; car parle à moy.
Pourquoy me battre ainsi ?

FILIPIN.

                        Ce n'est en bonne foy
Qu'à bonne intention, & par pure maxime ;
Ecoute. Un malheureux avoit commis un
    crime :
Se voyant condamné de recevoir comptant,
Cinquante coups de foüet d'un bourreau bien
    foüettant ;   [sçait faire)
{ Car chacun sçait bien-tôt ce qu'un bourreau
Il gagna par argent ce bourreau mercenaire,
Afin qu'il moderât la fustigation ;
Mais le bourreau d'abord sans moderation
Luy fit sentir trois coups : le pauvret tout bas
    peste.
Voila sans ton argent comme eût été le reste
Dit le bourreau prudent, & depuis acheva
De façon que son dos tout son cuir conserva,
A l'application : si par experience,
Je t'ay fait voir que j'ay de battre la science,
Tu me redouteras

MAURICETTE.

            Voyez le bel oyseau !
Ma foy l'un de nous deux changera bien de
On nous verrons beau jeu.   [peau

FILIPIN.

            Tay-toy méchante langue
Et me laisse plûtôt songer à ma harangue

MAURICETTE.

Vois-tu, ne me fais plus tantôt pour toy rougir.

FILIPIN.

Tu me vas adorer tant je vay bien agir.

MAURICETTE.

Dy bien tout ce qu'il faut

FILIPIN.

Et j'en diray de reste :
Mais la voici qui vient ; quelque fat, male peste,
Iroit la haranguer, & je ne suis pas prêt ;
Qu'un autre au lieu de moy harangue s'il luy
plaist.

SCENE III.

CONSTANCE, ALCANDRE.

CONSTANCE.

CEs conseils ne sont bons qu'aux ames in-
sensibles.
Il est vray, la tristesse a des charmes nuisibles ;
Mais j'ay perdu mon frere, & ce dernier malheur
Me donne toute entiere en proye à la douleur.
Ces monts qu'il dépeuploit de leurs bêtes
sauvages,
Ces rochers, ces valons, ces plaines, ces
bocages,
Dont il fut l'ornement & la tranquillité,
Sont privez comme moy de leur felicité.
Ces lieux où tant de fois mon humeur solitaire
Rencontroit des objets capables de luy plaire,

Ne feront deformais , qu'augmenter mon
   ennuy;
Puis que mon frere est mort, rien ne me plaît
   fans luy.

ALCANDRE.

Si ce n'est point, Madame, à moy trop en-
   treprendre,
Puis-je fçavoir de vous , ce que je crains d'en-
   tendre.
Ce funeste malheur diverfement conté,
Confond le bruit du peuple avec la verité.

CONSTANCE.

Depuis fa mort , mon ame en fa douleur
   constante,
Se divertit à faire un recit qui l'augmente.
Ecoute donc, Afcagne , & tu vas tout fçavoir.
Ce prodige charmant & dangereux à voir,
L'Infante ma coufine , en Naples adorée,
Et des Princes voisins ardemment defirée,
L'objet de mille vœux , & de mille foûpirs,
Fit à mon frere auffi naître de vains defirs;
Vains, ou plûtôt mortels , puis que fa mort
   cruelle,
Eft un effet du feu dont il brûla pour elle.
Ce feu par les foûpirs de fon cœur enflâmé,
Parut bien-tôt aux yeux qui l'avoient allumé,
Et ces visibles Dieux de ce malheureux frere,
Virent luire fon feu, fans s'en mettre en colere,
La Princeffe agréoit fes foins infortunez,
Au deffein de fon pere ayant les fiens bornez.
Tout rioit à mon frere, & fa haute efperance,
N'avoit plus rien à craindre , étant fans con-
   currence,

Quand le Roy, qui faiſoit de ſa fille, ſon Dieu,
Souhaita de porter ſa gloire en plus d'un lieu.
Il prepare ſa Cour à des fêtes publiques.
Ses Herauts vont par tout en habits magni-
    fiques.
Dans Naples en peu de tems, on voit de tous
    côtez
Arriver inconnus les guerriers invitez.
Un magnifique bal ſe donne dans le Louvre,
Où le Roy trouve bon, que d'un maſque on
    ſe coûvre ;
Parce qu'il crût qu'au Bal les Princes inconnus,
Sans cette liberté ne fuſſent pas venus.
Un Cavalier maſqué, dont la mine heroïque,
Le procedé bizarre, & l'habit magnifique,
De toute nôtre Cour ſe fit conſiderer,
Entra ſeul dans la ſalle ; & ſans déliberer
S'alla jetter aux pieds de l'Infante Iſabelle,
Pouſſant du bras mon frere à genoux devant
    elle.
Mon frere plus diſcret, & plus reſpectueux,
Se contenta pour lors de luy parler des yeux.
L'autre ayant quelque tems entretenu l'Infante,
Regardant mon Germain d'une façon cho-
    quante,
Regle mieux tes deſirs, luy dit-il, & me croy ;
Pour aimer Iſabelle il faut être né Ro .
Cela dit, il porta la main ſur ſon épée,
Laiſſant à l'admirer l'aſſemblée occupée,
Et ſortit ; mais d'un air ſi ſuperbe & ſi fier,
Qu'on ne l'arrêta point : il gagna l'eſcalier,
Et l'épée à la main entre cent hallebardes,
Donna de la terreur aux plus hardis des gardes.

ALCANDRE.

Ce guerrier quel qu'il soit, fit un coup bien
  hardy,

CONSTANCE.

Il le fut encore plus que je ne te le dy.

ALCANDRE.

Quoy que son action paroisse temeraire,
Elle n'est pourtant pas d'un homme du vulgai-
  re. CONSTANCE.

Le jour d'aprés le bal le tournoy commença,
Mon frere aux premiers jours maints Guerriers
  terrassa,
Je ne te diray point leurs chiffres, leurs livrées,
Leurs devises, leurs noms, leurs superbes entrées,
Aussi bien aprés eux l'inconnu Cavalier,
Ne parut pas plûtôt, qu'il les fit oublier.
Tel que le Dieu de Thrace est dépeint dans la
  fable,
Il parut sur les rangs même plus redoutable,
Ascagne, je ne puis te le peindre autrement ;
Car, quoy qu'il soit de moy hay mortellement,
Si ces tresors cachez répondent aux visibles ;
Je confesse qu'il peut plaire aux plus insensibles,
Mon cher frere s'anime en voyant ce rival ;
Il choisit une lance, & change de cheval.
Ils combattent, enfin, ô ! malheur effroyable,
Mon frere est renversé pâle & froid sur le sable,
Tu te peux figurer aprés un frere mort,
Les regrets que je fis, moy qui l'aimois si fort.
Le Roy de son balcon, quelques ordres qu'il
  donne   [sonne.
Et tout grand Roy qu'il est, n'est oüi de per-
La place est devenuë un spectacle d'horreur.
Dans la confusion le superbe vainqueur

Rencontre peu d'obstacle à faire sa retraite,
S'oppoſer à ſes coups, c'eſt chercher ſa défaite;
Il maſſacre, il renverſe, on le craint, on le fuit,
Il reçoit du ſecours d'un guerrier qui le ſuit;
Et telle eſt la terreur, qu'il donne à tout le
    monde.
Que l'on craint même auſſi celuy qui le ſeconde.

ALCANDRE.

Madame, je crois voir cette confuſion
Tant l'art eſt merveilleux de vôtre expreſſion;
Mais ſe put-il ſauver, ce guerrier plein d'audace?

CONSTANCE

Comme un vent, comme un foudre, il ſortit
    de la place.
Le Roy d'aller aprés, ordonne vainement,
On s'attroupe, on le ſuit, mais de loin ſeu-
    lement,
Cependant ſon cheval par ſa vîte carriere,
Se dérobant à ceux, qu'il a laiſſez derriere,
Rend ſur pourſuite vaine; on ne croit pour-
    tant pas,
Qu'avec tous les Soldats, qu'on a mis ſur ſes pas,
On ne le prenne enfin: mais qu'il ſoit pris,
    qu'il meure,
Sa mort me rendra-t'elle un frere que je pleure?
C'eſt le triſte ſujet, qui m'amene en ces lieux,
Et qui me rend la Cour un ſujet odieux.

SCENE

SCENE IV.

HELENE, CONSTANCE, ALCANDRE,
FILIPIN, PAYSANS.

HELENE.

Madame, vos sujets sont venus du village,
Vous faire une harangue en leur grossier
langage,

CONSTANCE.

Qu'on les fasse approcher.

FILIPIN.

Ses regards m'ont troublé,
Maudit soit la harangue, & qui m'en a parlé.
Madame donc, Madame, on dit que vôtre frere
Est mort, à mon avis il ne pouvoit pis faire.
Chacun dit qu'il est mort comme feu Pharaon,
Ou comme Phaëton, ou comme Fanfaron,
Enfin comme un des trois, vous choisirez,
Madame,
Cependant il est mort, Dieu veüille avoir son
ame.
Pour prendre l'assassin tout est plein de Ser-
gens,...

CONSTANCE.

Ascagne, qu'il se taise.

ALCANDRE.

Allez mes bonnes gens,
Madame est empêchée.

B

FILIPIN.

Homme que Dieu confonde,
Est ce ainsi que l'on vient interrompre le monde,
Et me couper en deux un mot dans le gosier?
I fait bien l'entendu ce Monsieur l'Ecuyer
Ou bien Maître d'Hôtel.

CONTANCE.

Allez donc vîte Heleine,
Avertir au Château, qu'un carrosse on amene.

MAURICETTE.

Adieu beau harangueur; mais comme j'ay le dos,

FILIPIN.

Mâtine, ay je rien dit qui ne soit à propos,

MAURICETTE. *Elle s'en va.*

On t'a pourtât fait taire avec ton beau langage,

FILIPIN. *seul.*

Ne me lanterne point malancontreux visage,
Sur le premier railleur, qui viendra m'agasser,
Je veux de mille coups ma colere passer.
Ascagne, qu'il se taise, a dit la dégoûtée,
Voyez le grand tourment, elle étoit bien gâtée
D'employer un moment à me bien écouter;
Mais elle a mieux aimé faire la Dame Esther
Avec son Ecuyer, qui la mene & ramene.
Vous verrez, qu'elle avoit la mere, ou la mi-
    graine;
Ma harangue ma foy, valoit bien un sermon,
Et j'allois haranguer comme un Roy Salomon;
A son d m, elle y perd plus que moy. Ma
    boutique
Que je ne trouve point me rend melancolique,
La quinteuse qu'elle est pour se faire chercher,
Dans quelque endroit du bois a bien pû se
    cacher.

Dieu garde la garde des dents tant de loup que
     de louve,
Cependant cherchons-là , quand on cherche
     l'on trouve.
Je puis déja gager, qu'elle n'eſt point ici ,
Ny dans ce gros hallier, ny dans cet autre auſſi:
Mais que vois-je briller dans cette roche
     obſcure,
Si j'allois y trouver quelque bonne avanture,
Voyons, en bonne foy , voici bien du butin,
C'eſt un bonnet de fer doublé de bon ſatin ,
Bien doré par deſſus , & l'habit luy reſſemble,
Dans l'Egliſe du Bourg certain Saint ce me
     ſemble
Eſt vêtu tout de même auprés d'un gros
     dragon ,
Il faut pour le vêtir dépoüiller le jupon ,
Et puis s'aller quarrer au milieu du village ;
Entrons pour cet effet dans le prochain bocage;
Auſſi bien j'apperçois certaine nation ,
Qui depuis peu chez nous vit à diſcretion.

SCENE V.

LICASTE, SOLDATS.

LICASTE.

MEs compagnons, la fin de nôtre quête
     eſt proche ,
Le corps de ſon cheval au pied de cette roche,

Fait voir qu'il n'eſt pas loin, & je ſerois d'avis,
Puiſque nos compagnõs ne nous ont pas ſuivis,
Que quelqu'un d'entre nous , qui que ce ſoit
n'importe ,
Pour rendre nôtre troupe en cas de beſoin forte,
Aille les aſſembler ; car vous n'ignorez pas,
Quel homme nous cherchons.

SOLDAT I.

J'y vay tout de ce pas.

SOLDAT II.

Son cheval , ou plûtôt ſa puante carcaſſe ,
Depuis long-temps ſans doute infecte cette
place ,
Et maint loup , & maint chien s'en eſt fort
bien trouvé,
Et l'Inconnu depuis peut bien s'être ſauvé.

LICASTE.

L'apparence ? a-t'on pas occupé les paſſages ?
Nos gens ne ſont-ils pas épars dans les villages ?
Les lieux plus éloignez n'en ſont-il pas couverts ?
Et tous les ports fermez , qui les auroit ouverts ?

SOLDAT.

Compagnons je l'ay vû.

LICASTE.

Qui vû ?

SOLDAT.

Le redoutable ;
Celuy que nous cherchons , l'inconnu , le
grand Diable.

LICASTE.

Vient-il icy ?

SOLDAT.

Tout droit, armé comme il étoit,
Quand dans Naples luy ſeul tout Naples il
battoit.

Le voyez-vous qui vient ?

LICASTE.

C'est luy, cachons-nous vîte,
Nous seriós tous gâtez, s'il nous prenoit au gîte.

✱✱✱✱✱✱✱✱✱✱✱✱✱✱✱✱✱

SCENE VI.

FILIPIN.

PArbleu me voila bon armé comme un soldat,
J'étois tantôt David, & je suis Goliat ;
Il est vrai que ma taille est un tant soit peut rapé,
Ma coiffure de fer est faite en chosse trape,
Je m'y suis pris les doigts en haussant &
baissant,
Tantôt dans nôtre Bourg passant & repassant,
Je m'en vay bien reluire en mon bel attelage,
a ma grosse dondon, pour qui d'amour j'enrage.
J'ay peur qu'elle n'en veüille au neveu du Curé,
Parce que le Dimanche il est tout bigarré,
Et qu'il racle des doigts une vieille guiterne,
Mais ce voyant tantôt ainsi qu'un Oloferne,
Elle ouvrira les yeux, & se repentira,
D'un certain coup de pied qu'elle me desserra,
Comme je la courois dans une chenevière.
Elle rue en genisse & devant & derriere ;
Mais si nous devenons par le Prêtre conjoints,
Messire Filipin fait merveille des poings.
Tout cet habit de fer pese autât qu'une enclume,
Sans aller au logis chercher un lit de plume ;
Reposons quelque tems nôtre malheureux
corps.
S'en fâche qui voudra, je ronfle quand je dors.

SCENE VII.

LICASTE, SOLDAT, FILIPIN.

LICASTE.

IL se livre luy même & se met dans le piege.
FILIPIN *s'endormant.*
Chargé comme je suis j'avois besoin de siege.

LICASTE.

Il va dormir, laissons assoupir les esprits ;
Car le prendre autrement, c'est pour en être pris.
Soldats ne risquons rien, & devant toute chose
Lions-luy bien les mains, cependât qu'il repose:
Otons-luy son épée, & puis le saisissans,
Et faisant de nos cris approcher les passans,
Nous les envoyerons chercher nôs camarades,
Comme nous à sa quête épars dans les bour-
    gades.   **SOLDAT.**
Le voila garotté de la bonne façon,
Et même desarmé ce dangereux garçon.

LICASTE.

Eveillez-le.

    SOLDAT.
       Hola, hô Cavalier, qui reposes,
Il est tems d'entrouvrir tes deux paupieres
    clauses.
Je le tiens mort ou sourd.   **LICASTE.**
          La peste comme il dort,
S'il ne ronfloit en diable, on le prendroit pour
    mort.

Ce Mars n'a pas l'amour peint fur fon beau
  vifage,
Et fa beauté n'eft pas du prix de fon courage,
Levez-vous, Cavalier.

FILIPIN *s'éveillant.*

                    Qui va là? qui va là?
Et qui m'a garrotté les mains comme cela?

LICASTE.

Monfieur, vous êtes pris, & vôtre refiftancé
Ne feroit que montrer icy vôtre impuiffance,
Vous êtes fans épée.

PILIPIN

                    Et quand bien j'en aurois,
C'eft encor à fçavoir, fi je m'en défendrois.

LICASTE.

Nous vous connoiffons bien, Monfieur, trévé
  de feinte,

FILIPIN.

Si j'étois dans le Bourg je formerois ma plainte,
Et tu ferois au moins aux dépens condamné:
Mais enfin pourquoy donc m'a t'on emprifon-
né.   LICASTE.
Vous avez mis à mort par une audace extreme,
Le cher neveu du Roy dans Naples à fes yeux
  même.

FILIPIN.

Et par qui fçavez vous que j'ay fait ce beau
  coup?

LICASTE.

Par vos armes.

FILIPIN.

          Ma foy, vous me plaifez beaucoup;
A l'inftant feulement je les ay ramaffées.
Que maudit foit celuy qui les a là laiffées.

Et pour le Prince mort, si c'est le Prince Henry,
Je suis né son sujet, & j'en suis fort marry.

LICASTE.

Vous vous cachez en vain sous un grossier
   langage.   FILIPIN.

Je serois bien caché : mais cependant j'enrage.

LICASTE.

Et cependant marchons. Nous prendrons un
   cheval
Dans le premier village.

FILIPIN.

              On ne fera pas mal,
De m'avoir un cheval, s'il faut enfin que j'aille
Car j'ay peine à marcher avec tant de ferraille.

LICASTE.

Allons vîte.

FILIPIN.

          Tout beau, vous vous précipitez.
Lorsque je suis chargé, je marche à pas contez :
Mais soldats ou larrons qui me venez de
   prendre,
Le Roy vous devroit bien, un beau jour faire
   pendre,
D'éveiller ses sujets lors qu'ils dorment si bien,
Et de me garroter comme un galerien,

LICASTE.

Allons, allons, Monsieur.

FILIPIN.

         Oüy, qui le pourroit faire,
Je me tueray le corps seulement pour vous
   plaire ;
Armez-vous nous verrons vôtre legereté,
Ou bien courez devant si vous êtes hâté.

Fin du premier Acte.

                        ACTE

ACTE II.
SCENE I.

CONSTANCE, HELENE.

CONSTANCE. *Helene sort.*

ALLEZ faire venir l'étranger. Insensée,
Pourquoy te plais-tu tant en ta folle pensée ?
          [vertu,
Elle est incompatible avecque ta
Puisque tu la connois, pourquoy l'écoutes tu ?
Etouffe de bonne heure une honteuse flamme,
Crains Ascagne, & le fuis, chasse-le de ton ame,
Déja n'y sens-tu pas augmenter son pouvoir,
Et que pour y regner il n'a que le vouloir ?
Mais considere Ascagne : il est des plus aimables,
Les mieux faits de la Cour luy sont ils comparables ?
Ne fait-il pas reluire en la moindre action,
Je ne sçay quoy de grand, & de condition ?
Son esprit est charmant, son ame est magnanime,
Des biens de la fortune il ne fait nulle estime,
Les répand en prodigue, & ne possedant rien,
Il l'a fallu forcer a recevoir du bien.

C

Par fois je le furprens, qui rêve & qui foûpire,
Je ne puis ignorer ce que cela veut dire,
Il me l'a trop appris depuis que le voy :
Mais il peut foûpirer pour une autre que moy.
O ! fi j'étois l'objet de cette rêverie !
Mais qu'eft-ce que m'infpire une aveugle furie ?
Que je ne le fois point : Qu'ingrat ou vertueux,
Que trop peu clair-voyant, ou trop refpectueux,
Il refufe mon cœur ; que même il le méprife,
Je croiray luy devoir mon repos, ma franchife,
Je luy devray mon cœur, qu'il n'aura pas voulu.
Princeffe qu'as-tu dit, & qu'as-tu refolu ?
Si ce cher étranger te traitoit de la forte,
Croy-tu pour le fouffrir d'avoir l'ame affez forte,
Le moindre déplaifir te fait poufler des cris,
Et tu pourrois fouffrir un fi cruel mépris.
Ha ! ne te flatte point, la perte de ton frere,
Auprés d'un tel mépris, n'eft qu'un malheur
      vulgaire ;
Plûtôt que de fouffrir un femblable malheur,
Tu mourrois mille fois de honte & de douleur.
O Dieux ! il vient icy, pour comble de ma peine.

SCENE II.
CONSTANCE, ALCANDRE.

CONSTANCE.

QUE cherchez vous, Afcagne ?
ALCANDRE.
              Ayant apris d'Helene
Que vô re Alteffe.....

CONSTANCE.

Helene a rêvé, retournez.

ALCANDRE.

Madame, j'obeïs.

CONSTANCE.

Toutefois revenez.

ALCANDRE *seul.*

Quelle humeur de Princesse, inquiette, interdire,

Qui veut, qui ne veut point, qui me cherche, & m'évite.

Qui m'envoye appeller, & ne me parle pas.

CONSTANCE.

Ascagne, vous parlez ce-me semble tout bas,
A quoy rêvez-vous tant?

ALCANDRE.

Au bien que vous me faites,

Que j'auray peine à rendre étant ce que vous êtes.

Je reçoy tous les jours quelques nouveaux bien-faits,

Et croy, que vous voulez m'accabler sous leur fais.

CONSTANCE.

Souffrez-vous de la peine à m'être redevable?

ALCANDRE.

D'un sentiment si bas, je ne suis pas capable.

CONSTANCE.

Quel éclaircissement faites-vous donc icy?

ALCANDRE.

Je me tais.

CONSTANCE.

Non, parlez.

C ij

ALCANDRE.

J'ose donc dire auſſi,
Que je ne puis oüir ſans quelque inquietude.
Vôtre Alteſſe blâmer ſouvent l'ingratitude.
Si vous parlez pour moy , ſi vous m'avertiſſez
De n'être point ingrat, vous même m'y forcez,
Au moindre compliment que je vous en veux
    faire,
Vous changez de diſcours . & vous me faites

CONSTANCE.   [taire,
Soyez reconnoiſſant , & ne le dites point.

ALCANDRE.

Ha ! Madame , eſt-ce là , ce que l'honneur
    enjoint ?
Et que penſeriez vous de mon ingrat ſilence?

CONSTANCE.

Je ne veux point de vous d'autre recönoiſſance.

ALCANDRE.

Il m'eſt fort mal aiſé de vous bien obeïr.

CONSTANCE.

Il vous eſt fort aiſé de vous faire haïr.

ALCANDRE ſeul.

Que je puiſſe mourir, ſi j'y puis rien com-
    prendre.
Mais que feray je donc ayant tant à vous
    rendre ?

CONSTANCE.

Puis que vous l'ignorez , le tems vous l'ap-
    prendra.

ALCANDRE.

Cependant je demeure ingrat.

CONSTANCE.

On le verra.

ALCANDRE.

Si vous me connoiſſiez.

CONSTANCE *ſeule*.

J'en dirois bien de même.

ALCANDRE

Vous m'eſtimeriez moins.

CONSTANCE *ſeule*.

Tu ſçaurois que je t'aime.

O qu'un tel ſentiment va contre ma vertu !

Et s'il n'eſt étouffé qu'il doit être au moins tû!

ALCANDRE *ſeul*.

O ! ſi la ſœur ſçavoit , que j'ay tué ſon frere ;

Et que j'ay merité ſa haine & ſa colere.....

CONSTANCE.

Vous parlez bas encor.

ALCANDRE

Songeant à mon malheur,

Je ne puis m'empêcher.....

CONSTANCE.

D'être un fort grand rêveur ;

Mais Licaſte de Naple arrive.

SCENE III.

LICASTE, CONSTANCE, ALCANDRE.

LICASTE.

A Vôtre Alteſſe ;

Je viens , ou je me trompe adoucir la triſteſſe;

C iij

Enfin, Madame, on sçait qu'Alcandre est le
cruel.
Dont le bras nous ravit le feu Prince en duel.

CONSTANCE.

Alcandre de Sicile ?

LICASTE.

Oüy, Madame.

CONSTANCE.

Ha ! le traître,
Et n'a-t-on pû sçavoir, où l'inhumain peut être ?

LICASTE.

On le sçait bien, Madame, & c'est pour ce sujet
Que je viens vous trouver.

ALCANDRE *seul.*

Je suis pris, c'en est fait.

LICASTE.

Mon ordre est de parler à celuy qui commande
Depuis peu dans le Fort.

CONSTANCE.

Ascagne, on vous demande,
C'est de la part du Roy.

ALCANDRE *seul.*

Qu'attens-je à commencer
'A gagner une porte, a m'y faire forcer,
Enfin, à succomber comme doit faire Alcandre,
Percé de mille coups, plûtôt que de me rendre ?

CONSTANCE.

Avez-vous bien oüi ce que je vous ay dit ?
Hé quoy toûjours rêveur & toûjours interdit ?

ALCANDRE *à part.*

Je me trahis moy-même, ô Dieu ! l'erreur
étrange.

CONSTANCE.

Approchez, qu'avez-vous le visage vous change,

LICASTE.

Madame, devant vous, il faut qu'en attendant
Que l'on presente au Roy ce nouveau Com-
    mandant ,
Il jure de garder le Prince de Sicile ,
Dont la prise s'ignore encore dans la Ville,
On la cele pour cause , & le soldat armé
Qui sous moy sert d'escorte au carrosse fermé,
Ne sçait pas le chemin qu'il tient , ny ce qu'il
Alcandre.....   [porte :

CONSTANCE.

       A ce seul nom la haine me transporte.
O sexe ! ô bien-séance ! ô que n'est il permis,
De croire la fureur contre ses ennemis !

LICASTE.

Madame, vous pouvez le voir, sans être vûë.

CONSTANCE.

Ha ! je ne puis point voir un objet qui me tuë,
Prêtez serment , Ascagne.

ALCANDRE.

           Oüy, je jure & promets,
A ma fidelité de ne manquer jamais,
D'avoir l'œil sur tous ceux qui me voudroient
    surprendre :
D'avoir le même soin, de bien garder Alcandre,
Que j'aurois pour moy-même, & je dône ma foy,
Que personne ne peut le mieux garder que moy.

CONSTANCE.

Licaste , livrez luy ce Prince , & qu'on le traite,
Selon, que vous sçavez, que le Roy le souhaite :
Mais comment l'a t'on pris ?

LICASTE.

          Suivi de mes Soldats,
Des deux Fiers inconnus ; je me mis sur les pas :

Mais mon malheur voulut que je perdis leur
    trace.
Il leur survint de même une rude disgrace.
Je trouvay leurs chevaux dans le fond d'un
    torrent,
De leur chûte brisez, l'un & l'autre expirants ;
Je reconnus d'abord, & le poil, & la selle
De celuy du guerrier, qui d'une chûte telle,
Quoy qu'il se fût sauvé, devoit apparemment
N'être pas loin du lieu de son trébuchement.
Je parle à mes soldats, & je les encourage
D'entreprendre un travail qu'avec eux je
    partage.
Je les separe tous, deux à deux, trois à trois ;
Nous montons les rochers; nous visitons les bois.
Je trouve l'Inconnu, las, à pied, chargé d'armes.
Je n'avois avec moy, que deux de mes Gens-
    d'armes,
Je l'attaque pourtant : mais comme il est
    adroit
Autant que valereux, il gagne un poste étroit,
Et d'abord difficile, où seulement de face
Nous pouvions l'aborder. Là, sa guerriere
    audace
Des Soldats, que j'avois alors avecque moy,
En moins de rien changea le courage en effroy.
J'eus beau les animer : seul je me vis en tête,
Un guerrier jusqu'alors craint comme la tem-
    pête.
Enfin me hazardant, je passe dessus luy.
Sa valeur, qui n'a point sa pareille aujourd'huy,
Soit qu'il fût las, succombe : il fallut donc se
    rendre.
                         [dre
Si bien que je puis dire, avoir moy seul pû pren-

Un Heros indompté, que tout un peuple ému,
A tâché d'arrêter, & ne l'a jamais pû.

ALCANDRE *seul.*

O le hardi menteur ! ô l'extreme impudence !

LICASTE.

J'oubliois, qu'il affecte en tout une ignorance,
Qui m'a d'abord surpris, fait le mauvais plai-
    sant;
Il parle en Villageois, & croit se déguisant
Ne passer pas icy pour Prince de Sicile :
Mais il est découvert, sa feinte est inutile.

HELENE.

Madame, vous allez avoir toute la Cour.
Le Roy vient.

LICASTE *parlant à Alcandre.*

    Le carosse entrera dans la cour,
Pour approcher du Fort : Mais le Roy.....

SCENE IV.

LE ROY, CONSTANCE.

LE ROY.

                 Capitaine ?
Allez prendre ce Prince, & que l'on me l'amene.

CONSTANCE.

Ha ? Sire, trouvez bon, en l'état où je suis,
Que j'évite un objet, qu'avec raison je fuis.

LE ROY.

Oüy, ma niece, sortez, il est juste.

CONSTANCE.

J'efpere,

Que vous me vangerez de la mort de mon
    frere.

LE ROY.

Cette affaire n'eft plus, ce qu'elle étoit hier :
Car Alcandre n'eft pas un fimple Cavalier.

CONSTANCE *s'en va.*

Il eft Prince, il eft vray : mais mon frere étoit
    Prince.

SCENE V.

FILIPIN, LICASTE, SOLDATS.
SULPICE, LE ROY.

PILIPIN.

Pour fçavoir qui je fuis, je me tâte & me
    pince,
Si je m'en crois tout feul, je ne fuis qu'un pied
    plat,
Si j'en crois ces gens-cy, je fuis un grand foldat.
On me mene à la Ville, & puis on me tranflate,
Toûjours de mal en pis, de Caïphe à Pilate.
Au moindre petit bruit, ils font effarouchez,
Et je ne vis jamais des gens plus empêchez :
Mais enfin, chers Geoliers : vous fais-je peur ?
    m'en fuis-je ?
Pourquoy me prenez vous ? que vous fais je ?
    qui fuis-je ?

LICASTE.

Un grand Prince.

FILIPIN.

Autre fou. Je n'en vis jamais tant,
En campagne on me nomme, un brave combatant,
Un dangereux pendart : on me nomme à la Ville,
Le vaillant Prince Alcandre, ou l'Infant de Sicile.

LICASTE.

Vous êtes découvert, vos gens sont arrêtez,

FILIPIN.

Et vous le croyez tous ?

LICASTE

Tous.

FILIPIN.

Et tous, vous mentez,
Je ne suis, par ma foy, ny l'Infant, ny Alcandre,
Et moins encor, je sçay pourquoy l'on m'a pû prendre ;
Car, s'habiller de fer, est-ce un si grand forfait ?

LE ROY.

Vainement vôtre Altesse ainsi se contrefait.

FILIPIN.

Altesse ! hé beau vieillard, qu'est-ce donc qu'une Altesse ?
J'esperois en voyant sa barbe & sa vieillesse,
De rencontrer enfin, quelque homme sage icy,
Mais cette Altesse là me met en grand soucy.

LE ROY.

Prince encor une fois, la feinte est inutile,
Nous vous connoissons tous ,, pour l'Infant de Sicile.

SULPICE.

Je m'en vay, comme il faut appuyer cette erreur.
Mon Maître, c'est donc vous ? quel insigne
  bonheur !

FILIPIN

Quel insigne insensé ! celuy cy, par mon ame,
Est le pire de tous. Grand Dieu, que je reclame,
Je ne vois que des fous sur moy se relayans,
Je m'aimerois bien mieux, parmi les mécreans.

LE ROY.

S'il feint, on ne peut mieux ; car tout de bon,
  il pleure ;
Il faut le remener, Licaste, tout à l'heure ;
Que l'on le traite en Prince, & d'un tel pri-
  sonnier,
Donnez ordre, qu'on ait un soin particulier.
J'avois crû, me voyant, qu'il cesseroit de feindre :
Mais il est, ce qu'il feint, & je l'en trouve à
  plaindre.

LICASTE.

Allons, mon Prince, allons.

FILIPIN seul.

Où me conduisez vous ?
Je ne sçaurois, ailleurs, trouver de plus grands
  fous.
J'en viens de voir icy, depuis demi-quart-
  d'heure,
Plus que je n'en verray de ma vie, ou je meure.

LE ROY.

Ma fille, vôtre esprit, de douleur abatu,
Devroit se relever, par sa propre vertu,

SCENE VI.

ISABELLE, SABINE, LE ROY.

ISABELLE.

MAis, Sire, un cher parent,
LE ROY.
   Tout parfait, tout aimable,
Mais il étoit mortel.
ISABELLE.
   Mais je serois blâmable,
Si son sang, & le nœud, qui nous devoit unir,
N'agissoient, comme ils font dedans mon
  souvenir.
Que de mes pleurs mon pere, est mauvais
  interprete !
Je cheris, ce qu'il hait, & crains ce qu'il souhaite,
LE ROY.
Quel remede, Sabine, à cette affliction ?
SABINE.
Le meurtrier, du Prince, en sa possession,
ISABELLE.
Que tu dis vray, Sabine ! & que si j'en dispose,
Puis que de ma tristesse, il est la seule cause,
A le voir seulement, que j'auray de plaisir :
Mais le Ciel rigoureux, s'oppose à mon desir.
LE ROY.
Dans un rang élevé, les testes adorées,
Des yeux de leur sujets, sont fort considerées.

Quand on les voit molir, sous leur affliction,
On les croit voir manquer, à leur condition ;
Et l'on n'attend plus d'eux qu'une valeur
       commune,
Incapable de vaincre une adverse fortune.
Cessez donc vos regrets, & vous ressouvenez
Qu'il faut mieux soûtenir le rang que vous

      ISABELLE.   [tenez.
Mais, Sire, vos soldats auront pû se méprendre.
Est-on bien assuré, que c'est le Prince Alcandre?

      LE ROY.
Son valet le confirme, & s'afflige de plus,
De voir son Maître ainsi, de son bô sens perclus,
On n'en doit plus douter, aprés sa lettre lûë;
Je dois l'avoir sur moy, si je ne l'ay perdûë.

      ISABELLE.
O ! que n'a-t'il déja le mal que je luy veux,
Et que le ciel n'est-il favorable à mes vœux!

      LE ROY,

      Lettre.
D'un jeune desir emporté
Inconnu je vay voir & Naples, & ses fêtes :
Je reviendray bien-tôt vers vôtre Majesté,
Et couvert de lauriers, & riche de conquêtes.
Comme Roy, vous me blàmerez.
Un si hardi dessein vous doit mettre en colere :
Mais, vous me le pardonnerez,
Car, que peut à un fils, refuser un bon pere ?
Sa lettre me surprend, & je ne puis com-
      prendre,
Qu'elle soit d'un esprit, tel que celuy d'Alcàdre.

      ISABELLE.
Qu'on le cache à mes yeux, Sire, ce prisonnier,
Ou de mes déplaisirs, ce sera le dernier.

LE ROY, *il s'en va.*

Je ne puis plus la voir, de la sorte abatuë.
Ayez-en soin, Sabine.

ISABELLE.

Ha, ma douleur me tuë !
Il est pris, mon Alcandre, & le Ciel a permis
Qu'il soit entre les mains de ses grands ennemis.
Il faut que je le voye, il faut que ma cousine,
Me rende cet office. Ha ! ma chere Sabine,
Qu'un voyage fâcheux, qui t'éloigna de moy,
M'a fait voir, que j'ay peine, à me passer de toy.

SABINE.

Madame, vous direz, que je suis bien hardie,
D'oser vous avoüer que je vous étudie,
Et quoy qu'à ce dessein, j'aye l'esprit bandé,
Que je ne comprens rien en vôtre procedé.
Vous soûpirez sans cesse, & repandez des larmes,
Flêtrissez vôtre teint, affoiblissez vos charmes ;
Et puis, pour les auteurs des maux que vous
    sentez,
Je vous vois des soucis, je vous vois des bontez.
Jadis de vos secrets, je fus dépositaire :
Mais le plus important, vous m'avez voulu taire.
Vous sçavez pourtant bien, qu'un langage
    indiscret
Ne m'a jamais renduë indigne d'un secret.

ISABELLE.

Oüy, Sabine, je veux t'en faire confidence,
Pour toy, de plusieurs jours, je rompray le silence.
Le secret important que je vay reveler,
Est de ceux qu'on voudroit à soy, même celer :
Ecoute, en peu de mots, devant que quelqu'un
    vienne.
Tu ne peux ignorer cette guerre ancienne,

Qui des mers de Sicile, a fait rougir les eaux,
Et dans ses ports forcez a porté nos vaisseaux.
Mais les meilleurs succez ont leurs vicissitudes:
Les nôtres à leur tour, en ont eu des plus rudes.
Depuis qu'un Prince Alcandre, endosse le
　　harnois,
La deité sans yeux, qui fait du bien sans chois:
La fortune autrefois, que nous croyons amie,
Pour Alcandre éveillée, & pour nous endormie,
A conduit ses desseins, & les nôtres trahis,
Et l'a fait la terreur de nos tristes Païs.
Tandis qu'on s'apprêtoit à ces Fêtes celebres,
Dont les jeux perilleux devinrent si funebres.

SABINE.

Ce fut en ce tems-là que je quitay la Cour,
Où du Prince on blâmoit déja le fol amour.

ISABELLE.

Je la blâmois aussi cette audace funeste:
Mais le Roy l'approuvoit, écoute donc le reste.
Un Marchand étranger, dans ma chambre
　　introduit,
Des plus riches tresors que l'Orient produit;
A mes yeux étala les pieces les plus rares,
Et qui pouvoient le plus saouler les cœurs
　　avares.
Une boëte d'émail, que l'art encherissoit,
Plus qu'un gros diamant, qui l'œil éblouïssoit,
Me fit voir en l'ouvrant mon image portraite,
Et qui sembloit parler tant elle étoit bien faite.
Surprise à cet objet, si jamais je la fus;
Je vis que ce Marchand n'étoit pas moins
　　confus.
Alcandre, me dit-il d'une face étonnée,
M'a depuis quelques jours cette boëte donnée.

Alcandre

Alcandre de Sicile, un Prince que vos yeux,
Font un captif soûmis, d'un vainqueur odieux.
Vôtre portrait, Madame, a fait cette merveille,
Vôtre celebre nom ravissoit son oreille.
Et quand dans un portrait il vit vôtre beauté,
Ce cher portrait depuis fit sa felicité :
Mais d'un si grand tresor ne s'estimant pas
    digne,
Et par cet humble aveu se voulant rendre
    insigne
Entre tous les amans qui souffrent dans vos
    fers,
Ce Prince genereux que j'aime & que je sers,
M'a par un ordre exprez commandé de vous
    rendre,
Ce portrait, ou plûtôt, tout le bonheur d'Al-
    candre :
Car je ne doute point, privé de ce portrait,
Qu'il ne meure bien-tôt, vous aimant comme
    il fait.
Aprés m'avoir tenu ce surprenant langage,
Il sortit, me laissant cette boëte pour gage
Que dés le jour d'aprés, il viendroit sans man-
    quer,
Contenter mon desir, la vendre, ou la troquer.
Je l'ouvris : mais Sabine, au lieu de ma figure,
D'Alcandre j'apperçus la galante peinture,
Si semblable au Marchand, que je reconnus bié,
Qu'Alcandre, & le Marchand ne differoient
    en rien.

           SABINE.
Quoy ! Madame, c'étoit.....
           ISABELLE.
           Le Prince Alcandre même.
                D

SABINE.

Ha! voila de l'amour le plus beau stratageme?
O! que j'aime ce Prince, & ne revint-il plus?

ISABELLE.

Tu le sçauras bien-tôt, ne m'interromps
　donc plus.

Lors je me figuray, qu'il se pouvoit bien faire,
Qu'un Prince plein d'amour, en amant te-
　meraire,
Auroit pour m'approcher le Marchand con-
　trefait,
Et pour se découvrir supposé son portrait.
J'y reportay les yeux, & j'y crus voir les
　marques,
Et l'air grand que le Ciel donne au front des
　Monarques :
Mais insensiblement, je ne m'avisois pas,
Qu'en ce fatal portrait je trouvois trop d'apas:
Que te diray je plus? je le revis encore,
Ce Marchand, ou plûtôt ce Prince qui m'adore:
Mais si beau, si bien fait, n'étant plus déguisé,
Que de gagner mon cœur, il luy fut fort aisé:
Ainsi l'amour vainquit, & nos cœurs s'é-
　changerent ;
Ainsi deux ennemis se reconcilierent ;
Ainsi souvent depuis nos mutuels sermens
Amuserent l'espoir de deux jeunes amans.

SABINE.

Je ne devinois pas de vos pleurs l'origine,
Et je ne pense pas qu'un autre la devine.

ISABELLE.

Tu peux juger par-là que mes yeux languissans,
Ne pleurent point les morts, & pleurent les
　absens.

Je sens pour mon cousin, un regret vray-
    semblable ;
J'ay pour mon cher Alcâdre une peur veritable;
Les guerres, les discorts qui broüillent nos
    maisons,
Combattent mon amour de puissantes raisons:
Ils luy disent qu'Alcandre au pouvoir de mon
    pere,
Ne peut pas éviter les traits de sa colere :
Et mon amour leur dit, que ny sexe, ny rang,
Ny devoir, ny respect, ny la force du sang,
Ne peuvent m'empêcher qu'au meurtrier
    d'Alcandre,
Fût-ce même le Roy, je ne me fasse entendre,
Detestant sa rigueur, souhaitant le trépas,
Et que même à ses yeux je ne le cherche pas;

SABINE.

L'honneur d'un tel secret m'a beaucoup
    obligée :
Mais, Madame, pour vous je me sens affligée,
Je vois plusieurs desseins aux vôtres opposez.

ISABELLE.

Pourveu qu'Alcandre vive, ils me seront aisez,
Ne perdons point de tems, va sçavoir de
    Constance,
Quand je la pourray voir, pour chose d'im-
    portance.
Si tu m'aime, va vîte, & fais adroitement
Qu'elle vienne aussi tôt dans mon apparte-
    ment.

Fin du second Acte.

ACTE III.
SCENE I.

CONSTANCE, ISABELLE, SABINE.

CONSTANCE *suivie de l'Infante qui l'observe.*

O ! RAISON qui m'avez si-tôt abandonnée,
Revenez au secours d'une ame forcenée,
De ses desirs esclaves, & qui passe en un jour,
D'un deüil inconsolable en une honteuse amour.
Q! Dieu, l'Infante.....

ISABELLE.
Enfin, je vous y prend, rêveuse.

CONSTANCE.
Madame, je le suis, & de plus malheureuse.

ISABELLE.　[moins,
J'en puis bien dire autant, je ne la suis pas
Puis que je puis icy vous parler sans témoins,
Je vous ouvre un secret, ô ! ma belle cousine,
Que vous partagerez avecque ma Sabine.

Pour un deſſein étrange, & dont je vous diray,
La cauſe & le progrez, lors que je le pourray,
Il m'importe de voir le *Prince de Sicile*,
Et c'eſt pour ce ſujet que j'ay quitté la ville.
Je m'en vay dans le parc faire un tour; cepen-
    dant,
Comme vous diſpoſez ici du Commandant,
Vous ferez qu'en ſecret, je puiſſe voir Alcandre?
Je reviens à l'inſtant.

CONSTANCE.

            Et que viens je d'entendre?
Avec un priſonnier qu'a-t-elle à démêler ?
Quel en eſt le motif, puis qu'il le faut celer ?
Me demander à voir l'aſſaſſin de mon frere !
Le fleau de ſon païs, l'ennemi de ſon pere !
Aſcagne, que je vois, me doit tout, il pourra
L'obſervant, m'informer de ce qu'elle fera,
Que fait le priſonnier, Aſcagne ?

SCENE II.

ALCANDRE, CONSTANCE, SULPICE.

ALCANDRE.

I L ſe tourmente,
Il maudit ſon deſtin & s'afflige.

CONSTANCE.

                    L'Infante.

Que je viens de quitter, me conjure inſtam-
       ment ,
De la faire parler à ce Prince un moment.
Son deſſein me ſurprend ; quelque deſir que
      j'aye
D'en trouver la raiſon , vainement je l'eſſaye.
Vous pouvez m'y ſervir : ce ſervice rendu
Aſcagne , auprés de moy ne ſera pas perdu.
Vôtre Charge vous rend la choſe fort facile ,
Ayant droit d'obſerver le Prince de Sicile.
Il vous eſt fort aiſé dans cette occaſion ,
De me faire juger de vôtre affection.
Quel eſt cet homme ?   *Sulpice pâroît.*

ALCANDRE.

C'eſt un des ſujets d'Alcandre.

CONSTANCE.

L'Infante va venir, vous n'avez qu'à l'attendre,
Je vais au devant d'elle afin de l'avertir ,
Que l'on fera d'icy tout le monde ſortir,
Et qu'on fera trouver ce Prince icy ſans garde,
Seul moyen de le voir ſans qu'on y prenne
      garde.

ALCANDRE.

Je ſçauray ſon ſecret, Madame, aſſurément.

CONSTANCE.

Vous promettez beaucoup.

ALCANDRE

N'en doutez nullement.

CONSTANCE.

Retenez ſes diſcours , obſervez ſon viſage.

ALCANDRE. *Conſtance s'en va.*

Madame, je pretens faire encor davantage.

SULPICE.

Ha ! mon Maître , ha ! mon Roy.

ALCANDRE.

Sulpice, parle bas

SULPICE.

Tel est bien mon dessein, mais je n'y songe pas.

ALCANDRE.

Que dis tu de me voir gardien de moy-même ?
Et ma bonne fortune, est-elle pas extreme ?
D'avoir gagné le cœur d'une divinité,
De qui dans un moment je seray visité.
Elle me croit aussi, l'adorable Isabelle,
Un prisonnier d'Etat : je ne le suis que d'elle ;
Hors elle, dont je suis esclave, & que je sers,
Je pretens en ces lieux pouvoir donner des fers.

SULPICE.

Vous en pouvez donner à cette grosse bête,
Ce fou d'Etat.

ALCANDRE.

Non, non, c'est une illustre tête,
Sur qui je regne ; au moins il ne tiendra qu'à
moy.

SULPICE.

Mais, Seigneur, qui vous met si bien auprés
du Roy.
S'il découvre jamais qu'un Prince de Sicile...

ALCANDRE.

Ne perdons point le temps en discours inutiles
En un jour, qui des miens, peut être le dernier.
Cependant que je fais venir le prisonnier,
Qui de necessité doit avec moy paroître,
Où je hazarderois de me faire connoître,
Tu le tiendras icy. L'Infante va venir :
D'indifferens discours songe à l'entretenir.
Ne luy découvre rien, afin que je luy fasse,
Moy-même le recit, du fou mis en ma place.

SULPICE.

Seigneur, c'est hazarder le pacquet grande-
     ment,
Et c'est agir, me semble, impetueusement.
J'ay peur que nôtre affaire, aussi tendre qu'un
     verre,
Pour être trop poussée, enfin ne donne en terre,
L'Infante est imprudente & son zele indiscret.
Ce dessein hazardeux ne peut être secret.
       Alcandre sort.
Les actions des Grands, de tant d'yeux
     éclairées,
Du public rarement peuvent être ignorées,
Mais on ouvre.

SCENE III.

ISABELLE, SABINE, SULPICE,

ISABELLE.

Sabine, entrez, & gardez bien
Qu'on écoute, ou qu'on entre icy.
      SABINE
           Ne craignez rien.
      ISABELLE
Ton Maître donc, Sulpice ?
      SULPICE.
         A l'instant je l'amene ;
      ISABELLE.
Va vite, je me sens dans l'aise & dans la peine.
          Tant

Tant que je l'aye vû, mon esprit agité
Ne peut être remis dans sa tranquillité.
Ha ! Prince malheureux.

SCENE IV.

ALCANDRE, ISABELLE.

ALCANDRE.

HA ! Princesse adorable ;
Ne parlez point de moy comme d'un miserable ;
Puisque je puis encor vous voir, & vous parler,
En bonheur avec moy qui se peut égaler ?
Que le Roy de ma mort se repaisse la vûë,
J'y marche sans regret, puis que je vous ay vûë
Les coups que la fortune a contre moy lancez,
D'un seul de vos regards sont trop recompensez.

ISABELLE.   [presse.]

Je ne vous répons pas, Prince, le tems me
Vous voyez ce que fait pour vous une Princesse.
Vous êtes hors du Fort ; Vos Gardes n'y sont
        pas.
Le pont-levis du Parc est ouvert. A cent pas
Un cheval vous attend, de l'argent & des armes;
Sauvez-vous, & jugez de mon cœur par les
        larmes. *Elle se porte un mouchoir au visage.*

ALCANDRE.

Me sauver, ma Princesse, & m'éloigner de vous?
Abandonner ces lieux où le ciel m'est si doux?

Quand icy je ferois accablé fous mes chaînes,
Quand j'y fuccomberois fous le fais de mes
    peines,
Puis qu'étant délivré je vous éloignerois,
Si on me délivroit je m'y r'enchainerois.
Bien loin d'être en ces lieux prifonnier, j'y com-
    mande,
Je m'y garde moy-même, & ce que j'aprehende
Eft moins le déplaifir de m'y voir enfermé,
Que celuy de m'y voir malgré moy trop aimé.

        ISABELLE.
Alcandre, ce difcours paffe ma connoiffance,
Ou manque de lumiere, ou moy d'intelligence.

        ALCANDRE.
Je vay vous l'expliquer, Madame, en peu de
    mots.
Ma fortune mêlée & de biens & de maux,
Peut-être le fujet d'une avantuie telle,
Qu'aucun Roman jamais n'en fournît de
    plus belle.

        ISABELLE.
Mais quelqu'un vient avec Sulpice.

        ALCANDRE.
                C'eft celuy,
Par qui j'ay le bonheur de vous voir au-
    jourd'huy.
A mon déguifement il fert de couverture,
Et nous fommes mêlez dans la même avanture.

✱✱✱✱✱✱✱✱✱✱✱✱✱✱✱✱✱✱

SCENE V.

FILIPIN, SULPICE, ALCANDRE, ISABELLE, SABINE.

Alcandre & Isabelle parlent bas.

FILIPIN.

Ie suis donc devenu grand Prince en un
    inftant?
SULPICE.
Vous ne fûtes jamais autre chofe.
FILIPIN.
                  Et po urtant
Il eft vray qu'hier au foir , j'étois encor moy-
    même,
Filipin.
SULPICE.
        Monfeigneur , dans la douleur extreme
Que vous caufent les fers d'une rude prifon ,
Vous parlez quelquefois en homme hors de
    raifon.
FILIPIN.
Un homme hors de raifon , n'eft-ce pas en
    vulgaire
Un fou?
SULPICE.
    Non tout-à-fait : mais il ne s'en faut guere.
FILIPIN,
Ie fuis donc Prince & fou ?

SULPICE.

        L'un des deux.

FILIPIN.   Et le Roy

De Sicile est mon pere?

        SULPICE.

             Oüy, Seigneur.

        FILIPIN.

               Par ma foy

Je ne l'eusse pas crû : J'ay grand peine à le
   croire,
Et ne le croiray point.

        SULPICE.

           Quoy de vôtre victoire,

Vous ne conservez pas le moindre souvenir ?

        FILIPIN.

Non plus que.....

        SULPICE.

        Je vay donc vous en entretenir.

Vous parûtes, Seigneur, au milieu de la
   place
Avec vôtre air guerrier, & vôtre noble audace.

        FILIPIN.

Est-il bien vray ?

        SULPICE.

        Le Prince Henry, neveu du Roy,

Courut six ou sept fois contre vous,

        FILIPIN.

            Contre moy?

        SULPICE.

Oüy, Seigneur : sous vos coups il mordit la
   poussiere,
Il fallut se sauver en forçant la barriere.

Vous fîtes le Demon.

FILIPIN.

Peste !

SULPICE.

Je vous joignis.

Il falut trepaner tous ceux que j'atteignis.

FILIPIN.

N'en trepana-t-on point de ma façon ?

SULPICE.

Personne :

Car quand vous vous battez, vôtre bras toûjours donne

Du fendant, non du p'at. Or donc pour revenir

Au recit commencé, qu'il faut enfin finir.

FILIPIN.

Ne vous pressez pas tant, je me plais à
l'entendre.

SULPICE.

On nous suivit bien vîte, ô ! mon bon maître
Alcandre !

Mais nous fûmes aussi bien vîte, & fîmes
bien,

Ou l'on nous attrapoit tous deux en moins de
rien,

Nous gagnâmes enfin, une roche fort haute.

Nos chevaux par malheur, peut-être par leur
faute,

Se rompirent le cou, l'on vous surprit armé,

Et l'on vous a depuis dans ce fort enfermé,

Où vous faites le fou de peur que vôtre
Altesse

Ne soit connuë icy : mais de vôtre finesse,

Vous ne tirerez pas beaucoup d'utilité,

Puis qu'on est informé de vôtre qualité.

FILIPIN.

Vous croyez qu'on la sçait ?

SULPICE.

Je n'en fais point de doute;

FILIPIN.

Et moy, si je la sçay, puisse-je ne voir
goute,

Et de la sçavoir mieux, je le donne au plus
fin.

Si bien qu'on ne veut plus que je sois Filipin.

Quand je voy mon habit; quand je vois qu'on
me garde;

Quand je voy maints soldats armez de hallebardes;

Qu'on me sert ; que je bois en trou ; mange
en pourceau,

Que je dors à souhait, dans un lit bon &
beau,

Je croy sans davantage en rechercher la cause,

Que si je ne suis Prince, il s'en faut peu de
chose.

Ensuite de cela, vient ce menteur maudit

Me boulever er l'ame avecque son recit.

Il m'appelle son maître, & me dit à ma face,

Que je suis fils d'un Roy : puis dans une grand
place

Me fait paroître armé, comme on dit, jufqu'aux dents,

Me fait tuer un Prince, & donner des fendants,

Tandis qu'il donne auffi des coups dont on
trepane.

Puis il dit, que chacun devant moy fait la
cane,

Devant moy, que la peur fait plonger en ca-
    nard.
Et puis toûjours monté sur mon cheval
    Bayard,
Me fait en moins de rien traverser des cam-
    pagnes :
Ensuite trebucher du sommet des montagnes
A me rompre le cou : puis me fait prendre
    armé
Et se trouve avec moy dans un fort enfermé.
Ces deux derniers malheurs sont à moy : mais
    les autres
Ce menteur malgré moy, les met parmi les
    nôtres.
Si comme me soûtient ce hardi compagnon,
Je suis Prince : je suis un Prince Champi-
    gnon
Venu dans une nuit.

                SULPICE.
                Cela pourroit bien être.

            FILIPIN.
Tout cela supposé, je veux trancher du maître.
Sulpice ?

            SULPICE.
        Quoy, Seigneur ?
            FILIPIN.
            Qui cause en ce coin-là ?
            SULPICE.
C'est l'Infante.

            FILIPIN.
        L'Infante ! appelle, appelle-là,
Que nous voyons un peu comme est fait une
    Infante.
A la voir, celle-cy paroît divertissante.
                E iiij

ISABELLE *à part avec Alcandre.*
Ma cousine est à craindre en ce rencontre-cy.

ALCANDRE.

C'est elle seulement qui m'inquiete aussi.
Les autres ne sont rien, ou ne sont pas à
    craindre.   ISABELLE.
Vous êtes donc d'avis que nous cessions de
    feindre.

ALCANDRE.

Oüy, c'est le seul moyen, par lequel aisé-
    ment,
Nous pourrons découvrir du Roy le senti-
    ment.
Faisons de nôtre amour à plusieurs confi-
    dence :
Ou quelqu'un d'eux, ou tous, par l'humaine
    impuissance
De ne pouvoir long tems un secret conser-
    ver,
Dira le nôtre au Roy, qu'il faut lors obser-
    ver.
S'il apprend sans couroux cette importante
    affaire,
Nous nous découvrirons sans craindre sa
    colere,
Et s'il s'emporte, alors je vous enleveray ;
De cent vaisseaux armez Naple j'effrayeray.
Le peuple craint la guerre, il prendra nôtre
    cause,
Voyant, quoy que plus fort, que la paix je
    propose ;
Nos amis agiront, & nous aurons pour nous,
Le repos de l'Etat si necessaire à tous.

ISABELLE.

J'y vois de l'apparence ; il faut aujourd'huy
   même ,
Jetter les fondemens de nôtre stratagême.
    FILIPIN *à l'un des bouts du Theatre.*
Et l'Infante ? Sulpice.

SULPICE.

      Elle s'en va venir.

FILIPIN.

Elle tarde long-tems : se fait-elle tenir ?
Hô , hô , vous êtes donc ce qu'une Infante on
   nomme ?
Telle que vous voila vous valez bien un homme,
Peste ! qu'elle est bien faite , & qu'elle donnera
De beaux & grands enfans à qui l'épousera.
Nous pourrions bien un jour , moy Prince,
    elle Princesse,
Pour ne pas succomber à l'humaine foiblesse,
En pompeux appareil , dans Naple aux yeux
   de tous ,
Joüer le personnage , & d'épouse , & d'époux.
J'en veux dire deux mots au Roy de Partenope,
Au reste , ma moitié doit être Penelope,
N'entretenir jamais d'homme en particulier ;
Comme presentement vous faites mon Geolier.
Et vous qui me semblez bête un peu trop
    privée ,
Pour Geolier , vôtre mine est beaucoup re-
   levée ;
Ou decocquettez-vous, ou si nous sommes
   joints ,
Vous n'approcherez pas ma femme sans té-
   moins.

Ou vous vous laisserez tailler comme un
　　Eunuque,
Et raser jusqu'au cuir vôtre longue perruque.
Oüy, pour mieux établir nôtre tranquillité
Je veux que l'on renonce à sa virilité.

ISABELLE.

Vous êtes bien jaloux.

FILIPIN.

　　　　　Et plus que vous ne dites,
Les conversations seront tres-interdites
A ma femme, & sur tout ce qu'on nomme
　　Cadeaux,
Trebuchets inventez par les Godelureaux.

ALCANDRE.

Comment un Païsan peut-il sçavoir ces choses?

FILIPIN

Vous ne croyez donc pas dans les metamor-
　　phoses?
Païsan dites-vous? apprenez idiot,
Que l'on peut devenir Prince de pied d'escot;
Que depuis deux Soleils aux champs comme
　　à la Ville,
Je suis le Fils aîné du grand Roy de Sicile.
Je ne sçay pas comment : mais je m'en trouve
　　bien,
Et ne changerois pas ma qualité pour rien.
Feu mon oncle du Bourg étoit Maître d'Ecole,
Il avoit du sçavoir, quoy que la tête folle.
Le pedant me faisoit lire à devenir fou,
Ce que je dis est pris, je ne puis dire où,
Ne vous étonnez point des disparaîtes nôtres,
Si nous nous frequentons, vous en verrez
　　bien d'autres.

ISABELLE.

Son discours me surprend.

ALCANDRE.

Il me surprend aussi,

SABINE *entre.*

Le Roy vient d'arriver.

ISABELLE.

Qu'on l'ôte donc d'icy,
Sabine tenez-vous cependant à la porte,
Je veux parler au Roy de chose qui m'importe,

SULPICE.

Il nous importe à nous de sortir promtement.
Mon Prince, retournons dans vôtre appartement,

FILIPIN.

Si je veux.

SULPICE.

Non, non, Prince, il n'est Prince qui tienne,
Si le Roy vient, il faut que vôtre Altesse vienne.

Fin du troisiéme Acte.

ACTE IV.
SCENE I.

CONSTANCE, ALCANDRE.

CONSTANCE.

LES avez-vous oüis les discours de
l'Infante ?

ALCANDRE.

Oüy, Madame, & de plus, l'affaire est im-
portante,
Elle n'offroit pas moins au Prince prisonnier,
Le premier des brutaux, des hommes le der-
nier :
Qu'un cheval, de l'argent, des armes, un
navire ;
Enfin de le sauver.

CONSTANCE.

Qu'est-ce qu'amour inspire!
Si c'est luy, qui produit en elle un tel effet,
Pour un Prince qu'on dit avoir l'esprit mal fait.
L'avez-vous bien oüie ?

ALCANDRE.

Autant que si moy même
Je l'eusse entretenuë.

CONSTANCE.

Il faut bien qu'elle l'aime.

Qu'a dit le prisonnier :

ALCANDRE.

Qu'ayant donné sa foy,
Pourveu qu'on le traitât comme le fils d'un
Roy,
Contre ses ennemis de ne rien entreprendre ;
Qu'il alloit de l'honneur d'un Prince comme
Alcandre,
De garder sa parole, & qu'il la garderoit,
Quand le Roy par sa mort la sienne saufferoit.

CONSTANCE.

Ce Prince a de l'honneur, quoy que de luy
l'on die
Que son ame est mal faite autant qu'elle est
hardie.
Je voy venir l'Infante, Ascagne, éloignós-nous.

SCENE II.

ISABELLE, SABINE.

ISABELLE.

PERSONNE ne sçauroit m'y mieux servir que
vous.

SABINE.

Madame, ce secret est de ceux que l'on cache?

ISABELLE.

Peut-être fais-je mal de vouloir qu'on le sçache:
Mais je veux qu'on me serve, & sans chercher
pourquoy,   [Roy.
Qu'on fasse aller ce bruit de la Cour jusqu'au

SABINE.

Si vous me commandiez de garder le silence,
Peut-être manquerois-je à mon obeïſſance :
Mais quand vous m'ordonnez de ne le garder
     pas,
Vous m'impoſez des loix pour moy pleines
    d'appas.

ISABELLE.

Divulgue ce ſecret avec quelque myſtere,
Fais croire que j'ay peur qu'il ſoit ſçû de mon
    pere,
Et ſur tout prens bien garde à ne pas dé-
    couvrir,
Que c'eſt Alcandre & moy, qui le faiſons courir.

SCENE III.

ISABELLE, CONSTANCE, SABINE.

ISABELLE.

MA couſine, j'ay vû ce Prince déplorable,
Et je vous en ſeray pour jamais rede-
    vable,
Je ne l'oubliray pas, & je vous le rendray,
Dans les occaſions que j'en rencontreray.

CONSTANCE.

Par ſi peu de ſervice avoir bien pû vous plaire
C'eſt ſans l'avoir gagné recevoir ſon ſalaire :
Mais l'avenir pourra reparer le paſſé.

ISABELLE.

Ce ſervice eſt plus grand que vous n'avez penſé;

Car enfin ma coufine afin de vous apprendre,
Le fujet qui m'oblige à venir voir Alcandre.
Sçachez, ô Dieu ! j'ay honte, & ne puis reveler
Sans rougir un fecret, que je devrois celer.
Sçachez donc que l'eftime, & que la valeur
  haute,
De ce Prince captif m'ont fait faire une faute :
Si c'eft faillir d'avoir laiffé prendre fon cœur,
A celuy dont le bras n'eft jamais que vainqueur.
   CONSTANCE.
La vaillance eft aimable, il eft vray ; mais
  Madame,
Alors que la vaillance eft feule dans une ame ;
Et que d'autres vertus ne l'accompagnent pas,
Cette vaillance alors n'a pas beaucoup d'appas,
   ISABELLE.
Les goûts font differens.
   CONSTANCE.
     Et même l'on publie,
Que ce Prince infenfé merite qu'on le lie.
   ISABELLE.
Vous ne connoiffez pas Alcandre, & je vois bien
Que vous prenez pour luy, ce qui de luy n'a rien,
   CONSTANCE.
Je ne m'ingere pas de b'âmer vôtre flamme,
Ayant à reprocher même chofe à mon ame :
Car enfin, puis qu'il faut que je rougiffe auffi,
J'aime, & le cher vainqueur qui m'a prife
  eft icy.
   ISABELLE.
Et c'eft ?
   CONSTANCE.
  Cet étranger Efpagnol,
  ISABELLE.
    Qui ? le même

LE GARDIEN
Qui dans le fort commande?
CONSTANCE.
Oüy.
ISABELLE.
Vous l'aimez?
CONSTANCE.
Je l'aime.
ISABELLE.
C'eſt trop vous oublier dans voſtre qualité.
CONSTANCE.
L'amour eſt bien ſouvent une neceſſité.
ISABELLE.
Il ne faut point avoir de paſſion honteuſe.
CONSTANCE.
Celle que j'ay pour luy n'eſt pas impetueuſe,
Et ne m'a point portée à luy faire accepter,
Les chevaux & l'argent dont je puis l'aſſiſter.
ISABELLE.
Je croy que vous avez deſſein de me déplaire?
CONSTANCE.
Quand on eſt trop pouſſée, on a peine à ſe
taire.
C'eſt pourquoy je fais bien de m'éloigner de
vous.
ISABELLE.
Oüy, tu me fais plaiſir d'éviter mon courroux.

SCENE

SCENE IV.

ALCANDRE, ISABELLE,
CONSTANCE.

ALCANDRE.

Madame je revien......
ISABELLE.
Où revien-tu ? perfide,
Qui joins le nom d'ingrat à celuy d'homicide.
ALCANDRE.
Moy, Madame, un ingrat !
ISABELLE.
Non, non, tu ne l'es pas,
Et Conſtance pour toy n'eſt pas pleine d'appas?
Qui l'a ſi bien reçuë en ſon ame amoureuſe,
Ne peut aſſez vanter la ſienne genereuſe.
ALCANDRE.
Que vous ay-je donc fait digne d'un tel dépit ?
ALCANDRE.
Et que n'a-tu point fait ? & que n'a-tu point dit?
ALCANDRE.
Je me ſens innocent.
ISABELLE.
Je te trouve infidelle,
Tu ne divertis point aux dépens d'Iſabelle,
Conſtance ? & tu n'as point le ſecret décou-
vert
Des armes, de l'argent, & du cheval offert ?

E

ALCANDRE.

Il est vray que je vien de le dire à Constance.

ISABELLE.

Découvrir un secret de cette consequence !

ALCANDRE.

N'étions-nous pas d'accord qu'il seroit publié?

ISABELLE.

Je veux bien avoüer de l'avoir oublié,
Et même d'avoir fait une faute importante :
Mais tu ne peux nier que tu trahis l'Infante;
Que Constance l'emporte , & que tu l'aime
　　mieux :
Me crois-tu sans esprit ?

ALCANDRE.

　　　　Me croyez vous sans yeux ?

ISABELLE.

Tu ne l'aimerois pas ?

ALCANDRE.

　　　　　Je l'aimerois, Madame,
Aprés vous avoir fait maîtresse de mon ame?

CONSTANCE *paroit cachée en un
　　coin du Theatre.*

Je puis les écouter d'icy secretement.

ISABELLE.

Aprés t'avoir reçû si favorablement,
Luy peux-tu refuser.....

ALCANDRE.

　　　　　De vous être infidelle :
Hors cela je ferois toute chose pour elle.

ISABELLE.

Hà , ne m'en dis pas tant.

ALCANDRE.

　　　　　Ce qu'elle a fait pour nous
Demeure en mon esprit.

ISABELLE.

Et rend le mien jaloux,
Je veux te l'avoüer, mon superbe courage,
N'estime point un bien, qu'avec moy l'on
partage.
Où je n'auray pas tout, je ne veux rien avoir:
Il faut ne la voir plus, ou bien ne me plus voir.

ALCANDRE.

Quoy qu'un peu mal-traité de cette jalousie,
J'en ose toutefois flatter ma fantaisie,
Et j'en ose inferer que je suis bien-heureux,
Que vous m'aimez autant, que je suis amou-
reux.

ISABELLE.

N'aime donc plus Constance.

CONSTANCE *cachée.*

Et que dira ce traître?

ALCANDRE

Madame, je ne puis l'aimer, & vous connoître:
Mais je puis sans manquer à ce que je vous
dois,
Luy rendre mes devoirs.

ISABELLE.

C'est trop faire à la fois,

ALCANDRE.

Vôtre miroir devroit vous ôter ces ombrages,
Y pouvez-vous bien voir les riches avantages,
Dont le ciel vous pourvût si liberalement,
Et craindre qu'on vous puisse enlever un amât?
Ce n'est pas aux beautez rares comme la vôtre,
Que l'on peut disputer un cœur comme le
nôtre,
Constance a des appas, mais devât vous elle est,
Comme un feu qui pâlit quand le soleil paroît,

F ij

CONSTANCE.

Je confesse qu'il m'a richement comparée.

ISABELLE.

S'il est vray que ton cœur ne l'ait point adorée,
Ne me la nomme point, ne m'en parle jamais.
Ose-tu le promettre?   *Isabelle sort.*

ALCANDRE.

Oüi, je vous le promets.

O Dieu !

SCENE V.

CONSTANCE, ALCANDRE, SULPICE.

CONSTANCE.

Tu le promets? tiendras-tu ta parole,
Trop temeraire amant d'une Princesse folle?
Et ce feu qui pâlit à l'aspect du soleil,
A ton avis, ingrat, est il à moy pareil?
Me cacher ton pais, ton nom & ta naissance;
Faire aller jusqu'à moy ta lâche médisance;
Est-ce sçavoir bon gré d'un azile accordé?
Et d'avoir plus reçû que tu n'as demandé?
Ce n'est pas d'aujourd'huy que ton ame est
        éprise :
Ce n'est pas sans dessein qu'un méchant se
        déguise.
Mais par mon interest, par celuy de l'Etat,
On sçaura les motifs d'un pareil attentat.

Adore ton Infante, ose tout pour luy plaire,
Je m'en vay reveler son bonheur à son pere ;
Je m'en vay me venger , & sur elle & sur
    toy,
Et de sa jalousie, & de ton peu de foy,

ALCANDRE.

Si pour vous appaiser il ne faut que ma vie,
Je consens sans regret qu'elle me soit ravie:

CONSTANCE.

Ha ! garde pour l'Infante un si beau sentiment,
On ne me trompe pas deux fois facilement.

ALCANDRE.

Ne vous avoir point dit que j'adore Isabelle,
Et que de ses captifs je suis le plus fidelle,
Si c'est être un ingrat , & si c'est vous trahir,
Vous ne me sçauriez trop mépriser ny haïr,
Et ce crime sera d'autant moins remissible,
Que de m'en repentir, il ne m'est pas possible:
Mais vous avoir promis de ne perdre jamais
Le souvenir.....

CONSTANCE.

Dequoy, traitre ?

ALCANDRE.

De vos bien-faits,

CONSTANCE.

Ha de mon mauvais choix ! c'est me faire
    reproche,
Laisse-moy, j'en sçay trop : mais le Roy qui
    s'approche
En va sçavoir assez pour t'apprendre, étranger,
Que je te puis punir , si j'ay pû t'obliger.
Vien voir de quelle ardeur , je cours à ma
    vengeance.
Sire, dans ma douleur j'aurois de l'allegeance,

Si d'un frere, d'un Prince aimable, & plein
    d'appas,
Le trépas se vengeoit par un autre trépas :
Mais du feu que l'amour aux jeunes cœurs
    inspire
L'Infante,.....

SCENE VI.

LE ROY, CONSTANCE.

LE ROY.

Ie sçay bien ce que vous voulez dire,
L'Infante est imprudente, & j'en meurs de
    douleur.
Les obligations du sang, & de l'honneur.
Quand je serois pour vous la sans moindre ten-
    dresse,
Inspirent la vengeance à mon esprit sans cesse.
Mais un Roy ne doit point agir legerement.

CONSTANCE.

Il doit encore moins agir timidement.
De tout tems, la craintive, & molle politique
Est à recompenser comme à punir inique.
Un crime est avoüé quand il est impuni.
Par vôtre sang versé vôtre nom est terni.
Ce sang est d'un neveu que l'on vous a vû
    plaindre,
Celuy qui le versa ne vous est plus à craindre ;
Cependant vôtre bras qui doit l'exterminer,
Est à ce que l'on dit prêt à le couronner ;

C'eſt le bruit de la Cour, Et que même l'In-
    fante......
                LE ROY.
Ma niece, vôtre humeur eſt un peu violente;
Le tems vous fera voir.
            CONSTANCE, *elle s'en va.*
                    Que j'ay perdu le mien;
Que je ſuis malheureuſe, & que vous n'aimez
    rien.   LE ROY.
Dieu le ſçait ſi je l'aime, & ſi j'aimay ſon frere.
Il faut tout endurer d'une Dame en colere,
Et n'en être pas moins & bon oncle & bon
    Roy.
Mais Licaſte paroît avoir affaire à moy;
Me voulez-vous parler ?

SCENE VII.

LICASTE, LE ROY.

LICASTE.

SIRE, Naple allarmée
De l'abord imprêveu d'une puiſſante armée,
Que le frere d'Alcandre amene à ſa faveur,
Croit que vôtre retour diſſipera ſa peur.
Le Heraut de ce Prince en un moment arrive,
Et l'on ne doute point que le Prince ne ſuive.
Il demande ſon frere, & devant tout traité,
Il veut abſolument qu'il ſoit en liberté.
Naple croit que l'on peut diſſiper cet orage,
Par une bonne paix, par un bon mariage.

LE ROY.

Je ne veux point d'Alcandre, & veux bien de
la paix.

LICASTE.

La paix sans un Hymen ne se fera jamais.
L'Infante tel qu'il est.

LE ROY.

Folle qu'elle est l'adore
Mais dois-je consentir, ce qui me des-honore?
D'un Prince sans esprit me faire un successeur?

LICASTE.

La prison peut l'avoir jetté dans ce malheur;
Car devant son esprit égaloit sa vaillance.

LE ROY.

On regne sans courage, & jamais sans prudence.

LICASTE.

L'Infante pourroit bien l'allant voir en prison,
Luy redonner la joye avecque la raison.

LE ROY.

Elle vient à propos, essayons ce remede;
Une affaire importante a besoin de vôtre aide,
Ma fille, & vous pouvez vôtre pere obliger,
Rendant une visite à ce Prince étranger.

SCENE

SCENE VIII.

L'INFANTE, LE ROY.

L'INFANTE.

JE veux bien l'aller voir, s'il faut que je le
   voye.

LE ROY *seul*.

Ses yeux m'auroient appris son secret par
   leur joye.
Qu'on le fasse venir, & cependant il faut
Tacher de découvrir le secret du Heraut.
Licaste, j'en remets le soin à vôtre adresse.
   Licaste sort.
Ce Prince dont l'esprit accablé de tristesse,
N'est pas à ce qu'on dit, tel qu'il fut autrefois;
A d'autres qualitez dignes de vôtre chois.
Au bien de leur Etat les supremes puissances,
Plûtôt qu'à leurs desirs reglent leurs alliances;
Le valereux Alcandre est fils aîné d'un Roy;
Une flotte en nos bords va nous donner la loy;
On nous offre la paix pourveu qu'en Hymenée,
Vous soyez à ce Prince avec Naples donnée,
Consultez-vous, ma fille, & ne craignez
   jamais
Que je vous sacrifie afin d'avoir la paix.

ISABELLE.

Et moy, Sire, je suis toute prête à tout faire

Pour le bien de la paix , pour l'honneur de
vous plaire.

LE ROY.

Qu'il eſt aiſé de voir ce qu'elle veut celer !

LICASTE.

Alcandre eſt à la porte , il alloit prendre l'air
Suivant l'ordre donné de relâcher ſes chaînes.

SCENE IX.

FILIPIN , LE ROY , ISABELLE, LICASTE , SABINE, ALCANDRE.

FILIPIN.

JE vous voy donc icy beau ſujet de mes peines,
Et quel eſt ce vieillard ſi grave ?

SULPICE.

C'eſt le Roy.

FILIPIN.

Ils ne ſont donc pas faits d'autre façon que
moy.

Et foin , je devrois bien en Roy mieux me
connoître ,

Depuis deux ou trois jours ayant l'honneur
d'en être :

Mais un Prince tardif depuis peu transplanté,
Peut quelquefois ſortir hors de principauté.

Mon Alteſſe ſçait mal encor comme on en uſe,
Dans l'art , & même auſſi dans les termes
    s'abuſe :
Mais alors que j'auray dans le metier vieilli ,
Qu'on me donne cent coups lors que j'auray
    failli.
Le tems amene tout. Sulpice donnez ordre ,
Et ce ſans y trouver à redire ny mordre ,
Qu'on me ſerve à dîner de ces poulets de
    grain ,
Et que pardeſſus tout la ſoupe abonde en pain,
J'aime auſſi ces pâtez qu'on ſert ſur une aſſiette,
Que l'on m'en ſerve au moins la douzaine
    complette.
Les Princes n'oſent-ils manger du Parmeſan ?
J'en étois fort friand quand j'étois païſan.
Sulpice ſur mon cœur cette belle Infantine,
Fera de grands progrez avec ſa bonne mine.
Comment diable ? ſes yeux me ſont autant
    d'éclairs ,
Non pas de ceux qui font ſcandale dans les
    airs ;
Mais qui ſans faire bruit nous ſurprenant la
    vûë ,
Se font juſques au cœur paſſage à l'imprevûë.
        LE ROY,
Ce Prince eſt ſans remede, & ma fille ſans yeux
D'aimer un tel brutal.
        FILIPIN.
        Vous êtes ſerieux
Roy de Naple, & je lis en vôtre front ſevere,
Que vous ſerez ſans doute un tres-fâcheux
    beaupere :
Laiſſez-nous icy ſeuls, parmi les jeunes gens,
        G ij

Les vieillards font toûjours des animaux
    chargeans.

LE ROY.

Licaste, eusse-tu crû pareille extravagance?
Avec un Prince tel peut-t-on faire aliance?
Un Etat tel qu'il soit est-il bien soûtenu
D'un Prince né peu sage, ou bien tel devenu?
Ha je ne voudrois pas, ny pour fils ny pour
    gendre,

FILIPIN.

Que dites-vous tout bas, le visage contrit.
Vous avez par ma foy quelque chose en l'esprit,
J'aime les jouiaux, & n'aime pas les sages,
Qui craignent en riant de froncer leurs vi-
    sages,
Réjoüissez-vous donc, & que cet air obscur,
Disparoisse du front d'un beaupere futur.
Je vous veux rendre gay par une chansonnette
Sur certaines amours depuis peu par moy faite,

CHANSON.

Qvi surprendra Filipin
   Soir ou matin,
Sans avoir pris de son vin
   Sera bien fin,
Il n'a jamais de chagrin
Et sa Mauricette
Est comme luy faite.

  Cette bonne fille & moy
   En bonne foy,
Plus heureux que Reine & Roy,
   Chacun pour soy,

Ne vivrons qu'à nôtre Loy ,
Si quelqu'un en souffle ,
Peste du Maroufle.

O que nous deux esprits promts !
Disputerons :
Mais nous nous appaiserons ,
Et chasserons ,
Tout autant que nous pourrons :
De nous la famine ,
Et la triste mine.

N'est-ce pas bien chanter , & mieux qu'un
Sansonnet ?
Donnez-moy vôtre voix , ou parlez du
bonnet.

LE ROY.

Il faut que malgré moy pour un tems je me
prive
De l'honneur de vous voir.

PILIPIN

I. faut que chacune vive ,
Ne vous contraignez point : pour moy de
mon côté
Je m'attens bien aussi de vivre en liberté.

LE ROY.

Je reviendray bien-tôt retrouver vôtre Altesse.

FILIPIN.

Point si vous ne voulez , & que rien ne vous
presse ,
Adieu jusqu'au revoir , soyez le bien sorti ,
J'aurois bien-tôt sans vous quelque part pris
parti.   [ame,
Disons-nous des douceurs Princesse de mon

J'aime ces mots d'amour, de martyre, de
   flâme,
De vos yeux font mes Dieux ; enfin ces com-
   plimens,
Et ces termes choifis, qu'on lit dans les
   Romans.
Comment ! tous deux à deux, au lieu de me
   répondre.
Vous Geolier trop cocquet, que Dieu puiffe
   confondre.
Vous Princeffe un peu trop familiere à Geolier,
Vous Sulpice un peu trop avec moy familier,
Vous Sabine un peu trop avec luy familiere,
Vous vous parlez tout bas, & me laiffez
   derriere.

SULPICE.

Nous vous laiffions parler.

FILIPIN.

            Ce n'étoit pas mal fait,
Car je fuis de tout tems grand parleur en effet ;
Mais pour bien converfer, il faut qu'on fe
   réponde,
Et l'on converfe ainfi ce me femble en ce
   monde.

SULPICE.

Mon Prince, rions donc.

FILIPIN.

          Non avec vous fripon,
Qui fortez avec moy des bornes de bouffon.
Je me fouvien fors bien de vos actions folles :
Etans feuls, elles vont jufqu'à des craquinolles,
Quand c'eft devant le monde, auffi-tôt le
   refpect,
Vous arrête les mains, & vous ferme le bec,

Je me souviens fort bien d'une nuit mal
    plaisante,
De mes orteils serrez d'une corde coulante,
Je sçay qui la tiroit de nous deux ; & je sçay
Que qui croit le plus étoit le moins blessé.

SABINE.

Et moy, mon Prince ?

FILIPIN

        Et vous , Sabine la complice
De tous les attentats de l'insolent Sulpice,
La peste qu'en secret avec luy volontiers,
Vous coopereriez à l'ouvrage d'un tiers.
Vous prenez le chemin d'une grande coquette:
Le tems découvrira si je suis bon Prophete.

ISABELLE.

Vous roug ssez, Sabine.

SABINE.

        Et qui ne rougiroit ,
Des discours surprenans de ce fou mal adroit?

FILIPIN.

Capitaine ou Geolier qui parlez à l'Infante,
Vôtre main est hardie ou plûtôt insolente,
Elle serre la sienne, & sans l'en retirer,
La facile qu'elle est se la laisse serrer.

ISABELLE.

Je rougis à mon tour.

FILIPIN.

        O Madame Isabelle ,
Si vous vous piquez moins d'être bonne que
    belle,
Qui sera vôtre époux, soit moy, soit étranger,
S'il n'est un franc stupide aura bien à songer.

SULPICE.

Il eſt malicieux comme un ſinge, & je meure
Si cette nuit il n'a plus d'une mauvaiſe heure.

ALCANDRE.

Je joüe un perſonnage icy fort haſardeux.
Les Rois n'aiment jamais que l'on ſe moque
    d'eux,
Quand le Roy connoîtra le veritable Alcandre
Il vengera ſon ſang que je viens de répandre.

ISABELLE.

Non, Prince : ſur ce fou, puis qu'il le prend
    pour vous
Il auroit déja fait éclater ſon couroux ;
Il ſuivra les conſeils de l'humaine prudence,
Et pour avoir la paix oubliera ſa vengeance.

ALCANDRE.

Mais Conſtance aura dit ce qu'elle ſçait de
    moy.

ISABELLE.

Mieux qu'elle, & mieux que vous je ſçay
    l'humeur du Roy.

ALCANDRE.

Pourquoy vous vois-je donc ſi ſouvent in-
    quiete ?
La Sicile nous offre une ſûre retraite,
Je ſuis encor ſans fers, vous diſpoſez d'un
    Port,
Je puis vous enlever ſans faire un grand effort.

ISABELLE.

Vous flatez mes deſirs par là, je le confeſſe :
Mais que devient par là l'honneur d'une
    Princeſſe.

ALCANDRE.

Je me tais.

ISABELLE *luy parle bas.*

Ecoutez.

FILIPIN.

Ou je fuis fans raifon,
Ou j'apperçois d'icy le haut de ma maifon.
Je vois celle d'Othon qui mourut de trop
boire
Et celle de Perrin, qu'on croit fils de Gregoire
Le Marguiller du Bourg. J'apperçois le figuier
Pour lequel j'ay procez avec le barbier,
C'eft un maudit menteür. Le clocher du
Village
Eft tout jufte en fa place; & je vois le bocage
Qui joint le pré commun, & je me trompe fort
Ou nous fommes icy dans le donjon du Fort.
Et par quel deffein donc, par quelle enchanterie,
Suis je icy? fuis je Prince? aide moy je te prie,
Sulpice, à découvrir la verité du fait,
Je te pardonneray tout ce que tu m'as fait,
L'eau mêlée en mon vin, les deux nuits mal
paffées,
Ces deux cordes d'Enfer en mes pieds enlacées,
Dont je me fens encor les orteils écorchez,
Et fi ce ne font pas des plus petits pechez.

ALCANDRE.

Sulpice, ôtez ce fou d'auprés de la fenêtre
Il n'eft pas tems encor qu'il s'aille reconnoître,
Voila Licafte.

SCENE X.

LICASTE, ALCANDRE, ISABELLE, SULPICE, FILIPIN.

LICASTE.

Il faut, & tout preſentement
Reconduire ce Prince dans ſon appartement,
Et ne permettre pas que perſonne le voye.
C'eſt un ordre nouveau que le Roy vous en- [voye.

ISABELLE.

Que fait le Roy ?

LICASTE.

Je crois qu'il va bien-tôt donner
Audience aux Herauts que l'on vient d'amener.
On ſçait aſſurément que le frere d'Alcandre
Approche.   ISABELLE

Donnez-moy la main , je me veux rendre
De bonne heure au Conſeil.

LICASTE & l'Infante ſortent.

On ne l'eût pas tenu
Sans vôtre Alteſſe.

SULPICE.

Il faut comme l'on eſt venu
S'en retourner , mon Prince , & vite.

FILIPIN.

A la malheure
M'a-t on fait fils de Roy.

SULPICE.

Je crois que ce fou pleure.

FILIPIN

Et qui ne pleureroit parmi ces enragez ,
Que pour me tourmêter je crois qu'on a gagez.

Fin du quatriéme Acte.

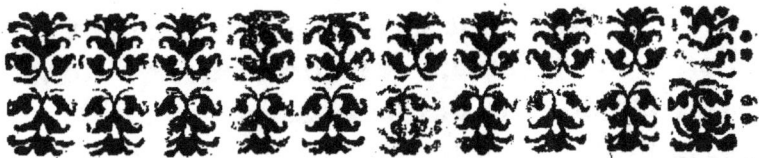

ACTE V.

SCENE I.

CONSTANCE, SULPICE, HELENE.

CONSTANCE.

M AIS tu me dis encor qu'il n'a
.   point nom Ascagne.

SULPICE.

Qu'il est Sicilien , & qu'il n'est
point d'Espagne.

CONSTANCE.

Pourquoy se cachoit-il ?

SULPICE.

Qui ne se fût cachée ?
Voyant à quel dessein Alcandre étoit cherché:
Je me cachay bien moy , qui ne suis que
Sulpice
Et non pas comme luy d'Alcandre le com-
plice.

CONSTANCE.

Ils s'aiment fort.

SULPICE.

Si fort, que ce n'est qu'un des deux,
Et l'on n'en vit jamais de si conformes qu'eux.
Ils ont été nourris dés leur bas âge ensemble,
Et bien plus que le sang l'amitié les assemble.

CONSTANCE.

Comment peut on aimer un Prince sans esprit?

SULPICE.

Mon maître n'est pas tel que l'on vous l'a
décrit.

CONSTANCE.

Mais dis-tu vray, Sulpice, est-il parent
d'Alcandre?

SULPICE.

Et si semblable à luy qu'on s'y pourroit
méprendre.

CONSTANCE.

Puisqu'Ascagne d'Alcandre est le vivant
portrait,
Ascagne a l'esprit prés, est un Prince bien
fait.

SULPICE.

Madame, encor un coup jugez mieux de
mon maître,
Il n'est pas la moitié si fou qu'on le croit
être.

CONSTANCE.

Il est donc Prince Ascagne?

SULPICE.

Il est du sang Royal,
Mais n'est-ce point aussi pour luy faire du mal,
Que vous le demandez, je suis un pauvre
here,
Qui vous ay bonnement découvert ce mystere;

Mon maître s'il le fçait ne me verra jamais.

CONSTANCE.

Ne crains point, je tiendray ce que je te
promets.
Et quel eft fon vray nom ?

SULPICE.

Alcandre.

CONSTANCE.

Eft-il croyable ?

SULPICE.

Deux Princes peuvent bien avoir un nom
femblable.

CONSTANCE.

Mais pour les diftinguer ?

SULPICE.

C'eft fort bien objecté!
Il poffede en Affrique une Principauté ;
On le nomme à la Cour Prince de la Goulette,
Par fa valeur conquife, aprés l'ample défaite
De deux Rois circoncis de Thunis, & d'Alger,
Qui s'étoient joints enfemble afin de le
charger.

CONSTANCE.

C'eft affez.

SULPICE *feul, & s'en allant.*

J'ay menti long-tems fans perdre halene

CONSTANCE.

As tu bien entendu ce qu'il m'a dit, Helene,

HELENE.

J'ay bien oüy mentir.

CONSTANCE.

Pourquoy l'auroit-il fait ?

HELENE.

Pourquoy vous auroit-il apris un tel fecret ?

CONSTANCE.

Eſt-il plus reſervé pour celuy de ſon Maître?
Ha je ne crois que trop ce qu'il m'a dit d'un
   traitre :
Mais le Roy m'a promis un époux à mon
   choix,
Tu verras ma vengeance, & ma gloire à la
   fois.
Elle en aura l'affront la jalouſe Iſabelle,
Rivale, que je hay d'autant plus qu'elle eſt
   belle.
Allons parler au Roy, puis qu'auſſi-bien mes
   yeux
Découvrent un objet qui leur eſt odieux.

SCENE II.

ALCANDRE, SULPICE

ALCANDRE.

Elle a jetté ſur moy ſes yeux pleins de
   furie,
Cette beauté qui m'aime, & qui pourſuit ma vie:
Mais qu'ay-je à redouter de ſes yeux irritez ?
Favoriſé de ceux qui ſont mes deïtez.
   Sulpice paroît.
SULPICE.
Je vous cherchois, Seigneur, l'avez-vous
   rencontrée ?

ALCANDRE.

Qui ?

SULPICE.

Conſtance.

ALCANDRE.

A ma vûë elle s'eſt retirée
Me regardant d'un œil enflâmé de couroux.

SULPICE.

Avec elle, Seigneur, j'ay bien menti pour
vous :
Mais ma foy je pretens ment'r à la pareille,
Et que vous mentirez quelque jour à merveille
Pour vôtre ſerviteur, comme preſentement.
Il a fait pour ſon maître, & fort utilement.
De plus, je vous ay fait aprés l'ample défaite
Des deux Rois circoncis Prince de la Goulette
Et ces Rois Affriquains.....

ALCANDRE

Et que me dis-tu là ?
Es-tu fou ?

SULPICE.

Fou ! je ſuis tout autre que cela;

ALCANDRE.

Explique-toy donc mîeux.

SULPICE.

Sortons de cette ſalle
D'allans & de venans pleine comme une halle,
Qu'ainſi ne ſoit, voyez les jolis courtiſans.

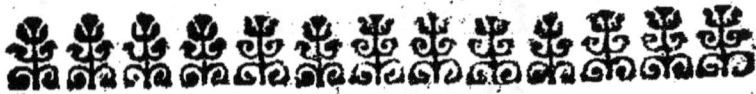

SCENE III.

MAURICETTE, PAYSAN.

MAURICETTE.

NOus nous sommes aimez dés nos plus
  jeunes ans.
Un loup aura mangé dans le bois ce pauvre
  homme ,
Je n'en ay pû depuis reposer d'un bon somme.

PAYSAN.

Ne pleurons point encor , il peut bien être
  allé
A Naple , où les soldats aprés l'avoir volé
L'ont assommé peut-être ,

MAURICETTE.

     Et Dieu me soit en aide ,
Tu me console-là par un plaisant remede ?
Soit mangé , soit tué , n'est -il pas toûjours
  mort ?

PAYSAN.

Il est vray : mais aussi pourquoy pleurer si
  fort ?

MAURICETTE.

Il devoit m'épouser à la Saint Jean prochaine.

PAYSAN.

Pour un mort on t'en peut fournir une
  douzaine.

             Ne

Ne laiſſons pas de voir venir l'Ambaſſadeur,
J'ay veu déja le Roy, qui ſent ſon Grand
     Seigneur,
Il eſt droit comme un jonc.

MAURICETTE.

          On dit que la Princeſſe
A de plus beaux habits que n'a nôtre Maîtreſſe,

PAYSAN.

Nous verrons tout.

MAURICETTE.

        On dit qu'elle aura pour mary
Un fou, qui l'autre jour tua le Prince Henry.

PAYSAN.

Ce ſont des bruits du Bourg : ſauvons-nous
     Mauricette
Le Roy vient.

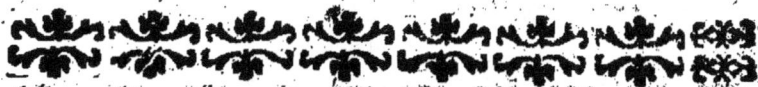

SCENE IV.

LE ROY, LICASTE, SULPICE

LE ROY.

ILs ſont donc deſcendus à Gaïette,

LICASTE.

Oüy, Sire, avec grand ordre, & vous of-
frent la paix.

LE ROY.

Si l'on parle d'hymen, ils ne l'auront jamais

               H

LE GARDIEN

Je veux bien en leurs mains remettre leur
    Alcandre :
Mais j'ayme mieux en faire un ennemi qu'un
    gendre.

SULPICE.

Sire, je viens apprendre à vôtre Majesté,
Que cet Ambassadeur qu'on vous a deputé,
Est le Prince luy-même.

LE ROY.

          Et quel Prince ?

SULPICE.

                Le frere

D'Alcandre.

LE ROY.

    Il ne s'est pas déguisé sans mystere.
On ne laissera pas de le bien recevoir,
Pour le mettre en son tort, s'il manque à
    son devoir.

SCENE V.

LE PRINCE DE SICILE,
ISABELLE, LE ROY, &c.

LE PRINCE de Sicile tenant l'Infante
par la main.

Tant que j'auray de vie, ô Princesse
adorable !

J'auray devant les yeux cet accueil favorable :
L'honneur que je reçois de vous donner la
    main,
Tout mortel que je suis rend mon sort plus
    qu'humain.

ISABELLE.

La presence du Roy m'empêche de répondre,

LE PRINCE.

Et par trop de bontez d'achever de confondre
Un homme qui ne vient icy que vous offrir
Dix mille hommes, tous prêts de vaincre ou
    de perir.

LE ROY.

Prince, levez le masque, une heroïque mine
Fait d'abord reconnoître une illustre origine :
Mais je ne comprens pas, quel important secret
Un simple Ambassadeur d'un si grand Prince
    a fait.

LE PRINCE.

Il est vray, le desir de voir bien-tôt Alcandre
M'a fait sans consulter ce dessein entreprendre.
Sçauray-je maintenant de vôtre Majesté
Pourquoy ce Prince fut par vôtre ordre arrêté ?
La parole d'un Roy qui doit être sacrée
Donnoit dans vos tournois aux étrangers
    entrée :
Par quel droit a-t-on pû traiter de criminel
Le glorieux vainqueur d'un combat solemnel ?

LE ROY.

Je tairay les raisons que j'eus lors de le faire,
Puis qu'une bonne paix vous rendra vôtre
    frere.

LE PRINCE.

Rien ne peut l'établir, qu'un mariage heureux,

Qui donne à vôtre fille un époux valeureux,
Et pour jamais unit Naples à la Sicile.

LE ROY.

Ce mariage offert rend la paix difficile,
Un Prince sans esprit eut-il de la valeur,
De ma fille seroit l'infaillible malheur,
Je souhaite la paix : mais la paix seroit chere,
Qui me feroit donner ma fille à vôtre frere.

LE PRINCE.

Le monde a peu de Rois à mon frere pareils,
Son bras vous a moins nuy que n'ont fait ses
      conseils,
Quoy que ce bras souvent tant qu'a duré la
      guerre
Du sang de vos sujets ait fait rougir la terre.

LE ROY.

Alcandre & ses soldats si remplis de valeur,
En versant nôtre sang, y laisserent du leur.
Parlez de vos exploits avecque modestie,
Ne vous attirez point quelque aigre repartie.
Vous, Licaste, amenez Alcandre : Vous verrez
Bien-tôt ce sage frere, & vous en jugerez,
Et s'il est sous le ciel un plus fou personnage,
Moy même je veux bien ne passer pas pour
      sage.
Prince, quand je verrois Naple prête à brûler,
Par le fer, & le feu mon Etat desoler,
Enfin quand je verrois ma fortune reduite
A chercher lâchement mon salut dans ma
      fuite,
Si pour me déivrer de ce dernier malheur
On m'offroit la Sicile, Alcandre, & sa valeur,
Je mourrois mille fois dans Naple mise en
      cendre,

Plûtôt que d'accord ma fille à vôtre Alcandre :
Mais voila ce cher frere, allez l'entretenir.

SCENE VI.

FILIPIN, ALCANDRE,
SULPICE, &c. *dans un balcon.*

FILIPIN.

ET pourquoy diable icy m'a-t-on donc fait
    venir ?
Sulpice, apprend-le moy ?
SULPICE.
      C'est pour voir vôtre frere.
FILIPIN.
Je n'en eus jamais qu'un qui mourut en galere.
LE PRINCE.
Vous vivez donc, mon frere, & je vous
    vois encor.
FILIPIN.
A qui s'adresse donc ce drole couvert d'or ?
SULPICE.
A vous même, c'est vôtre frere.
FILIPIN.
      A la bonne heure.
Je le méconnoissois ce cher frere ou je meure,

Et je veux de bon cœur qu'il le soit pour
　　long. tems.
Ce nouveau fou nous va donner du passe-
　　tems.

LE PRINCE.

Par le plaisir que j'ay d'être en vôtre presence,
Jugez comment j'ay pû suporter vôtre absence.

ALCANDRE.

Un Prince qui vous aime avecque passion
Ne doutera jamais de vôrre affection.

ISABELLE *seule.*

Il parle pour soy-même, & pour le faux
　　Alcandre,
Et le Prince, & le Roy vont par là se mé-
　　prendre.

ALCANDRE.

Alcandre sçait assez combien il vous est cher.

MAURICETTE.

Perrin, nous n'avons plus Filipin à chercher,
Le voila tout trouvé dans cette grande cage.

FILIPIN.

Je voy ma Mauricette, & Perrin, ha j'enrage !
Si je ne les vay voir de prés. Fille de Dieu,
Hé qui l'a mise icy ?

SULPICE.

　　　　　　Mon cher Prince en ce lieu
Faut-il faire le fou ?

FILIPIN.

　　　　　　Fripon à toute outrance
Est-ce qu'en un balcon l'on garde le silence,
Quand d'un balcon l'on voit des gens qu'on
　　connoît bien,
Ce balcon défend-il que l'on ne dise rien ?

ALCANDRE.

Sulpice, ôte ce fou.

FILIPIN.

Le bourreau m'égratigné
En me tirant d'icy.

LE ROY.

Prince ce frere insigné
Plus sage que vaillant en a-t-il fait assez
Pour vous desabuser.

LE PRINCE.

Devant les gens sensez,
De ce que j'en ay vû l'on ne sçauroit conclure,
A moins que de passer pour la même imposture,
Qu'il soit fou.

LE ROY.

Je vois bien qu'à moins d'être bien prés
Vous ne discernez pas les objets faux ou vrais;
Il faut vous approcher : Licaste, qu'on amene
Le Prince Alcandre icy.

LE PRINCE seul.

Ma raison est mal saine,
Ou celle de ce Roy ne se porte pas bien.

LE ROY.

Je vous vay voir confus, Prince.

LE PRINCE.

Je n'en croy rien.

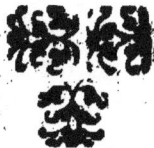

SCENE VII.

CONSTANCE, ALCANDRE, LE ROY.

CONSTANCE.

SIRE, lors que mes pleurs vous deman-
doient vengeance,
En vous seul ma douleur trouva de l'allegeance.
Vous me promîtes, Sire, & me dîtes cent fois,
Que vous me donneriez un époux à mon
choix.

LE ROY.

Je vous le dis encor, & suis prêt de le faire.
Un bon époux vaut mieux encore qu'un bon
frere :
Mais il le faut trouver.

CONSTANCE.

Un Prince en vôtre Cour
Se cache, & paroîtra devant la fin du jour.

LE ROY.

De ce Prince caché je n'ay point connoissance,
Mais j'useray pour vous de toute ma puissance.

CONSTANCE.

Aprés un tel bien fait j'embrasse vos genoux.

LE ROY.

Non, non, faites plûtôt paroître cet époux.

SCENE

SCENE VIII.

FILIPIN, SULPICE, LE ROY,
LE PRINCE, CONSTANCE, &c.

FILIPIN.

DOUBLE fils de putain que je veux
faire pendre.

SULPICE.

Ha, Seigneur.

FILIPIN.

Tu sçauras comme sçait battre Alcandre.

LE ROY.

Quelle étrange rumeur?

FILIPIN.

Dans un passage obscur,
A moy qui crains sur tout de tomber en lieu
dur,
Ce traître & scelerat Ganelon ma fait faire
Un saut tout de mon long de son pied té-
meraire,
Ha, je luy veux moy-même attacher le cor-
deau,
Ou donner pour le moins les ordres au bour-
reau.

I

CONSTANCE *seule.*

N'ay je point déja vû quelque part son visage?

LE ROY.

Vous avez pû juger, Prince, s'il est bien sage,
Par ce qu'il vient de faire, hé bien qu'en dites-
vous ?

LE PRINCE.

A grand peine je puis retenir mon courroux,
Si de fous insensez vôtre Cour est remplie :
Est-ce à dire qu'Alcandre ait part en leur folie.

LE ROY.

Vous le trouvez donc sage : avez-vous de
bons yeux,
De ne connoître pas qu'il est fou furieux?

LE PRINCE.

En avez-vous vous même, & voyez-vous
Alcandre ?

LE ROY.

Si je le voy, bon Dieu, pour qui m'osez vous
prendre ?

LE PRINCE.

Pour un Roy.

LE ROY.

Mais à qui parliez vous donc la haut ?

LE PRINCE.

A luy, non pas au fou, qu'on me presente.

LE ROY.

Il faut
Qu'un de nous deux icy des fous le nombre
augmente.
Nous verrons lequel c'est. Approchez-vous
Infante,
Et qu'on fasse venir celuy qui le gardit.

FILIPIN *pouſſant le Roy.*

Je me ſuis en tombant quaſi rompu le doigt :
Mais, place, que je cherche icy ma Mauricette.

CONSTANCE.

Celuy qui le gardoit Prince de la Goulette,
Eſt ce Prince inconnu dont je vous ay parlé.

LE ROY.

Quoy ! ma niece avez - vous auſſi l'eſprit
troublé ?
Prince de la Goulette ! un Affriquain ! un
Maure ?

CONSTANCE.

Non Sire, il eſt Chrétien.

LE ROY.

Juſques icy j'ignore
Qu'aucun Prince Chrétien ſe qualifie ainſi.

CONSTANCE.

Suffit, que je le ſçache, & qu'il ſe trouve icy.

LE PRINCE.

Sire, dites-moy donc, qu'eſt devenu mon
frere.

LE ROY.

Ha ! cette queſtion redouble ma colere,
Il eſt devant vos yeux,

LE PRINCE,

Enfin c'eſt me joüer.
Je l'ay vû, je ne puis vous le deſavoüer :
Mais depuis qu'on l'a fait de ce balcon
deſcendre
Je n'ay plus vû qu'un fou fort different d'Al-
candre.

LE ROY.

Nous ne connoiſſons point d'autre Alcandre
que luy. I ij

SULPICE *parlant bas à Isabelle.*

Ces Princes ne pourront s'accorder d'aujour-
d'huy.

LE PRINCE.

Apparemment je doy bien connoître mon
frere.

LE ROY.

Et je croy n'être pas aussi visionnaire.

LE PRINCE *qui voit entrer Alcandre.*

Ha, mon frere, venez faire connoître au Roy
Que nous ne sommes pas des fous, ny vous,
ny moy.

LE ROY.

Est-ce-là vôtre frere ?

LE PRINCE.

Oüy, Sire, c'est luy même.

ISABELLE.

C'est ce Prince insensé qu'on vous a dit, que
j'aime
Il me vit, il m'aima ; je le vis, je l'aimay :
Quand j'ay surpris son cœur il a le mien
charmé,
Vôtre choix eut-il pû vous acquerir un gendre
D'un merite pareil au merite d'Alcandre ?

ALCANDRE.

Je suis cet ennemi, je suis ce Prince heureux,
Qui portant jusqu'au ciel ses desseins amou-
reux,
A l'objet de ses vœux eut le bonheur de plaire.
Je ne vous puis nier ce qu'amour me fit faire,
Je sçay quel est mon crime, & qu'à vous en
parler
C'est aigrir vôtre playe, & la renouveller.
Pour vôtre sang versé, qui vous coûta des
larmes,

Je vous offre le mien & mon bras, & mes armes,
Un fils obeïssant pour un neveu perdu.

LE ROY.
C'est avoir moins ôté que vous n'avez rendu ;
Mais d'où nous est venu ce fou, ce faux
    Alcandre ?

CONSTANCE.
Personne ne sçauroit mieux que moy vous
    l'apprendre :
Mais, Sire, auparavant obtiendray-je de vous,
Selon vôtre promesse un Prince pour époux ?

LE ROY.
Je vous la doy tenir puis que je vous l'ay faite.

CONSTANCE parlant à Alcandre tout bas.
Ne vous cachez donc plus, Prince de la
    Goulette,
J'ay fait parler Sulpice, il m'a tout avoüé.
A peine croirez vous que vous êtes joüé.
Sire, il est pourtant vray, que l'Infante elle-
    même
Se sert pour vous joüer de ce Prince qu'elle
    aime,
Et qu'il n'est point Alcandre.

ISABELLE.
          Et qu'est-il donc ?

CONSTANCE.
             Il est
Son parent.

ISABELLE.
    Avez-vous en ce Prince interêt ?

CONSTANCE.
J'ay celuy que du Roy la promesse me donne.

LE ROY.
Ma niece vôtre erreur & m'afflige & m'étonne,

Ouvrez, ouvrez les yeux ce font vos ennemis,
Qui vous ont en la tête un tel fantôme mis.
Celuy que vous croyez un Prince imaginaire
Eſt Alcandre, ma niece.

CONSTANCE, *qui voit l'Infante &*
Alcandre qui rient, & parlent bas.

     Oüy, qui tua mon frere.
Un ingrat qui me joüe, & par un lâche tour
Me tourne en ridicule envers toute la Cour.

LE ROY.

Conſtance, je vous plains de l'humeur dont
   vous êtes,
Ne vous prenez qu'à vous du mal que vous
   vous faites.

CONSTANCE.

Je me plains de l'affront qu'un perfide me fait,
D'un ingrat qui me rend le mal pour le bien-

ALCANDRE.   [fait.

Madame, on ne ſçauroit forcer ma deſtinée,
Vous êtes de vertus, & de graces ornée
Et l'on rencontre en vous tous les riches
   treſors
Qui parent un eſprit, & font aimer un corps:
Mais l'Infante, ornement de la terre où nous
   ſommes,
Le chef-d'œuvre des Dieux, la deïté des
   hommes,
Devant que j'euſſe encor eu l'honneur de vous
   voir,
Avoit déja reduit mon cœur ſous ſon pouvoir:
Puiſque je ne puis, donc diſpoſer de mon ame,
Je vous offre mon frere, acceptez-le Madame,
Vous gagnerez au change; il vaut bien mieux
   que moy.

Et son bras peut par tout le faire bien-tôt Roy.

LE ROY.

Tirez vôtre bon-heur d'une mauvaise affaire,
Ma niece.

CONSTANCE.

Je n'ay plus dessein que de vous plaire.

LE PRINCE.

Et vous aurez , Madame, outre ma liberté
Un empire absolu dessus ma volonté.

ALCANDRE.

Vôtre Majesté , Sire, aura plaisir d'apprendre
Par quelle erreur il s'est trouvé plus d'un
    Alcandre.

LE ROY.

J'y songeois, & comment s'est si bien pû
    cacher
Un Prince chez un Roy , qui le faisoit cher-
    cher :
J'ay grande envie aussi , que quelqu'un in-
    terprete
Ce fantôme de Prince ou Roy de la Goulette.

ALCANDRE *montrant Sulpice.*

Sulpice des mortels le plus grand imposteur
De ces enchantemens est le fabricateur.

FILIPIN.

Est le fabricateur, à ce conte là , Sire,
Je ne suis donc icy qu'un Prince à faire rire.
Il faut pourtant me semble agir de bonne foy,
Ne m'a-t-on pas traité toûjours de fils de Roy?
Dans Naples n'ay je pas par un beau coup de
    lance
Fait voir à vos dépens , quelle étoit ma vail-
    lance ;
Ne m'avez-vous pas dit qu'on me connoissoit
    bien ?

Et qu'à me déguiser je ne gagnerois rien ?
Sulpice qui pourtant a toûjours été traitre
Ne m'a-t il pas toûjours appellé son cher
  Maître ?
Je puis par là conclure, & necessairement
Que vôtre chef Royal a peu de jugement.
Pourquoy de bouchers cette grande levée ?
Pourquoy par des soldats ma personne enlevée?
Prince, vous m'avez fait, tel vous me main-
  tiendrez ;
On le païs sçaura quel homme vous serez.
Je veux être toûjours au champ comme à la
  ville ,
Car je m'en trouve bien, fils du Roy de Sicile.
Ou si ma qualité doit bien-tôt prendre fin,
Accordez Mauricette au moins à Filipin.

LE ROY.

De ce château Concierge, & Juge du village
Il peut quand il voudra la prendre en mariage.

MAURICETTE.

Je me pourray vanter d'avoir pour mon époux
En un petit mary le plus grand fou des foux.

Fin du cinquiéme & dernier Acte.